2024

MISSEL
des enfants

CRER
bayard

Je vais à la messe

Ce petit livre est une belle chance
pour toi qui l'as entre les mains.
Il peut te permettre de mieux connaître Jésus le Christ.
Il te fait découvrir ce qu'il nous dit,
il t'aide à mieux le rencontrer le dimanche à la messe.
La première partie de ton missel t'explique les paroles
et les gestes qui ne changent pas d'un dimanche sur l'autre ;
la deuxième te fait découvrir les lectures qui, elles,
changent à chaque messe et qui sont tirées de la Bible.

À chaque chapitre, tu trouveras
une explication des mots difficiles
(en gras dans les textes).

TOUS LES TEXTES DES DIMANCHES ET FÊTES
DE L'ANNÉE LITURGIQUE 2023-2024
AVEC LA NOUVELLE TRADUCTION DE L'ORDINAIRE DE LA MESSE.

ANNÉE B

Les objets de la messe

La patène
Sur ce petit plat, le prêtre dépose les hosties.

Le calice
Cette coupe contient le vin.

Les burettes
Ce sont les petits flacons dans lesquels on met l'eau et le vin.

La chasuble
La chasuble est un grand vêtement que le prêtre met par-dessus son aube pour célébrer la messe.

L'étole
Cette longue écharpe de tissu est l'insigne du prêtre.

L'aube
C'est une longue tunique blanche. Son nom vient du latin « alba » qui veut dire blanc. Par-dessus l'aube, le prêtre peut mettre une grande cape, la chasuble.

Quatre grands moments

Pendant la messe, quatre grands moments se succèdent. Découvre-les ! Les pages de gauche t'indiquent comment ils se déroulent, celles de droite répondent à tes questions.

Le Seigneur nous rassemble

Voici rassemblés des familles,
des amis, des voisins, des passants, des inconnus...
Nous sommes tous venus, invités par Jésus Christ.

Quand le prêtre arrive, nous nous levons et nous chantons.
Puis nous faisons le signe de croix en même temps que le prêtre.

Le prêtre

– Au nom du Père, du Fils et du Saint-Esprit.

Nous

– Amen.

Le prêtre

– La grâce de Jésus, le Christ, notre Seigneur,
l'amour de Dieu le Père,
et la communion de l'Esprit Saint
soient toujours avec vous.

Nous

– Et avec votre esprit.

Les questions

Pourquoi la messe a-t-elle lieu le dimanche ?

Jésus est apparu ressuscité à ses disciples le premier jour de la semaine, le lendemain du sabbat. Depuis, les chrétiens ont choisi ce jour pour se rassembler en mémoire de lui. C'est devenu le jour du Seigneur, en latin « dies dominicus », qui a donné le mot français « dimanche ».

Pourquoi célèbre-t-on la messe dans une église ?

C'est une maison construite spécialement pour le rassemblement des chrétiens. Mais la messe peut être célébrée dans d'autres lieux : une école, une prison, en forêt pour les scouts, sur les places publiques pour les grands rassemblements...

Pourquoi faut-il un prêtre pour célébrer la messe ?

Parce qu'il a reçu la mission de rassembler les chrétiens au nom du Seigneur. Il préside la célébration au nom de Jésus Christ.

Les gestes

Se tenir debout

Nous devenons une assemblée de gens que Dieu relève, que Dieu met debout, un peuple de ressuscités.

Chanter

C'est une joyeuse manière de prier ensemble !

Faire le signe de croix

Avec notre main droite, nous traçons sur nous une croix, du front au ventre et de l'épaule gauche à l'épaule droite. Ainsi nous nous laissons recouvrir tout entiers par la vie de Dieu, Père, Fils et Saint-Esprit.

Nous demandons le pardon de Dieu

Nous nous tournons vers Dieu.
Nous reconnaissons devant lui tout le mal que nous avons fait
et nous regrettons de n'avoir pas fait plus de bien.
Mais Dieu nous connaît et il nous pardonne.

Le prêtre

– Frères et sœurs, préparons-nous à célébrer le mystère de l'Eucharistie, en reconnaissant que nous avons péché.

Nous

– Je **confesse** à Dieu tout-puissant, je reconnais devant vous, frères et sœurs, que j'ai péché en pensée, en parole, par action et par **omission**.

On se frappe la poitrine.

Oui, j'ai vraiment péché. C'est pourquoi je supplie la bienheureuse Vierge Marie, les anges et tous les saints, et vous aussi, frères et sœurs, de prier pour moi le Seigneur notre Dieu.

Le prêtre

– Que Dieu tout-puissant nous fasse **miséricorde**, qu'il nous pardonne nos péchés et nous conduise à la vie éternelle.

Nous

– **Amen**.

On chante le Kýrie eléison (Seigneur, prends pitié)

Kýrie, eléison.	***(Ou bien)***	Seigneur, prends pitié.
Christe, eléison.		Christ, prends pitié.
Kýrie, eléison.		Seigneur, prends pitié.

Les gestes

Se frapper la poitrine

En me frappant la poitrine, je reconnais que c'est bien moi qui suis pécheur.

Les mots pour comprendre

Eucharistie

Ce mot vient du grec et veut dire « remerciement, action de grâce ». C'est un autre mot pour parler de la messe.

Se reconnaître pécheurs

C'est reconnaître que nous nous détournons de Dieu qui est amour.

Confesser

Déclarer devant tout le monde.

Omission

Oubli.

Miséricorde

Ce mot vient de deux mots latins qui veulent dire « misère » et « cœur ». Dieu nous fait miséricorde, car il ouvre son cœur à toutes nos misères.

Amen

« Oui, c'est vrai, je suis d'accord » en hébreu.

Seigneur

C'est l'un des noms que les croyants donnent à Dieu. Les chrétiens appellent Jésus « Seigneur » parce qu'ils croient qu'il est le Fils de Dieu.

Christ

On dit aussi « Messie ». Dans la Bible, ces mots désignent une personne qui a reçu l'huile parfumée pour être au service de Dieu. Les chrétiens donnent ces noms à Jésus.

Nous disons la gloire de Dieu

Nous reconnaissons la grandeur de Dieu en chantant « Gloire à Dieu » ou *Gloria*. Le début de cette prière reprend le chant des anges annonçant la naissance de Jésus aux bergers.

***Pendant le temps de l'Avent et du Carême, on ne chante pas le* Gloria.**

Gloire à Dieu au plus haut des cieux.
Et paix sur la terre aux hommes qu'il aime.
Nous te **louons**, nous te bénissons, nous t'adorons.
Nous te glorifions, nous te rendons grâce
pour ton immense gloire,
Seigneur Dieu, roi du ciel,
Dieu le Père **tout-puissant**.
Seigneur, Fils unique, Jésus Christ,
Seigneur Dieu, Agneau de Dieu, le Fils du Père,
Toi qui enlèves les péchés du monde,
prends pitié de nous.
Toi qui enlèves les **péchés du monde**,
reçois notre prière.
Toi qui es assis à la droite du Père
prends pitié de nous.
Car toi seul es saint,
toi seul es Seigneur,
toi seul es le Très-Haut :
Jésus Christ, avec le **Saint-Esprit**,
dans la gloire de Dieu le Père.
Amen.

Le prêtre dit une prière pour nous inviter à prier Dieu tous ensemble. Elle se termine ainsi :

Le prêtre
– Par Jésus Christ, ton Fils, notre Seigneur,
qui vit et règne avec toi dans l'unité du Saint-Esprit,
Dieu, pour les siècles des siècles.

Nous – Amen.

Les mots pour comprendre

Gloire

Ce mot veut dire « ce qui a du poids ». Il montre l'importance, le rayonnement d'une personne. Quand nous disons « Gloire à Dieu », nous reconnaissons l'importance de Dieu dans nos vies. On appelle parfois cette prière *Gloria*, qui veut dire « gloire » en latin. La langue de l'Empire romain a servi de langue commune aux catholiques de tous les pays jusqu'au XXe siècle.

Louer

C'est dire du bien de quelqu'un avec beaucoup d'enthousiasme.

Tout-puissant

Quand on dit que Dieu est tout-puissant, cela veut dire que son amour est très grand.

Péchés du monde

C'est tout le mal qui se fait dans le monde.

Saint-Esprit

C'est le souffle de vie que Dieu nous donne pour que nous vivions comme Jésus.

Nous écoutons la Parole de Dieu

Voici le moment d'écouter la lecture des textes de la **Bible**.
Nous accueillons Dieu qui nous parle aujourd'hui.
Tu peux suivre les textes des lectures en te reportant au dimanche correspondant (pour le trouver, regarde pages 313-315).

Les premières lectures

Nous nous asseyons.

Généralement, la première lecture est un passage de l'Ancien Testament. Puis nous prions avec un psaume. La deuxième lecture est souvent un passage d'une lettre écrite par un apôtre aux premiers chrétiens. À la fin de chaque lecture :

Le lecteur – Parole du Seigneur.
Nous – Nous rendons grâce à Dieu.

L'Évangile

*Nous nous levons et nous chantons **Alléluia**.*

Nous écoutons un passage de l'Évangile. Pendant le temps du Carême, on ne chante pas Alléluia.

Le prêtre ou le diacre – Le Seigneur soit avec vous.
Nous – Et avec votre esprit.
Le prêtre – Évangile de Jésus Christ selon saint...
Nous – Gloire à toi, Seigneur !

Avec le pouce nous faisons un signe de croix sur le front, un sur la bouche et un sur le cœur.

Le prêtre – Acclamons la Parole de Dieu !
Nous – Louange à toi, Seigneur Jésus !

À la fin de l'Évangile, le prêtre embrasse le livre de la Parole de Dieu.

L'homélie

Nous nous asseyons.

Le prêtre nous parle. Il nous aide à comprendre et à accueillir la Parole de Dieu dans notre vie.

Les gestes

Faire des signes de croix sur le front, la bouche, le cœur, avec le pouce

C'est pour graver l'Évangile dans notre esprit, pour l'annoncer autour de nous, et pour le vivre de tout notre cœur.

Embrasser le livre de la Parole de Dieu

Le prêtre fait cela pour manifester le respect que l'on doit avoir pour la Parole de Dieu. Elle est le signe de sa présence.

Les mots pour comprendre

Bible

C'est le livre saint des chrétiens.
L'Ancien Testament raconte l'Alliance que Dieu a faite avec le peuple juif, avant Jésus.
Le Nouveau Testament raconte la Nouvelle Alliance que Dieu a faite avec tous les hommes par son Fils Jésus.

Psaume

Les psaumes sont des prières chantées qui se trouvent dans la Bible.

Alléluia

Ce mot hébreu signifie « Vive Dieu, remerciez-le ».

Évangile

Ce mot d'origine grecque signifie « bonne nouvelle ».
La Bonne Nouvelle, c'est Jésus lui-même vivant avec nous. On appelle « évangiles » les quatre premiers livres du Nouveau Testament.
Ils nous transmettent cette Bonne Nouvelle.

Nous affirmons notre foi

Nous venons d'entendre la Parole de Dieu.
Unis aux chrétiens du monde entier, nous y répondons en affirmant : « Je crois ! », en latin « Credo ».

Nous nous levons.

Nous

– Je crois en un seul Dieu,
le Père tout-puissant, créateur du ciel et de la terre,
de l'univers visible et invisible.
Je crois en un seul Seigneur, Jésus Christ,
le Fils unique de Dieu,
né du Père avant tous les siècles :
Il est Dieu, né de Dieu,
lumière née de la lumière,
vrai Dieu né du vrai Dieu,
engendré non pas créé,
consubstantiel au Père, et par lui tout a été fait.
Pour nous les hommes et pour notre salut, il descendit du ciel.

On s'incline.

Par l'Esprit Saint, il a pris chair de la Vierge Marie, et s'est fait homme.

On se redresse.

Crucifié pour nous sous **Ponce Pilate**,
il souffrit sa **passion** et fut mis au tombeau.
Il **ressuscita** le troisième jour, conformément aux **Écritures**,
et il monta au ciel. Il est assis à la droite du Père.
Il reviendra dans la gloire pour juger les vivants et les morts,
et son règne n'aura pas de fin. Je crois en l'Esprit Saint,
qui est Seigneur et qui donne la vie ; il procède du Père et du Fils.
Avec le Père et le Fils, il reçoit même adoration et même gloire ;
il a parlé par les **prophètes**.
Je crois en l'**Église**, une, sainte, **catholique** et apostolique.
Je reconnais un seul baptême pour le pardon des péchés.
J'attends la résurrection des morts et la vie du monde à venir. Amen.

Cette profession de foi date du IVe siècle. Elle a été rédigée lors des conciles de Nicée et de Constantinople afin que tous les chrétiens affirment la même foi. On dit parfois un « Credo » plus court, écrit au IIe siècle. On l'appelle le « symbole des Apôtres ».

Je crois en Dieu, le Père tout-puissant,
créateur du ciel et de la terre.
Et en Jésus Christ, son Fils unique, notre Seigneur ;
qui a été conçu du Saint-Esprit, est né de la Vierge Marie,
a souffert sous Ponce Pilate,
a été crucifié, est mort et a été enseveli,
est descendu aux enfers,
le troisième jour est ressuscité des morts ;
est monté aux cieux ;
est assis à la droite de Dieu le Père tout-puissant,
d'où il viendra juger les vivants et les morts.
Je crois en l'Esprit Saint,
à la sainte Église catholique,
à la communion des saints,
à la rémission des péchés,
à la résurrection de la chair,
à la vie éternelle.
Amen.

Les mots pour comprendre

Consubstantiel De la même substance.

Crucifié Jésus est mort crucifié, cloué sur une croix.

Ponce Pilate C'est le gouverneur romain qui a fait crucifier Jésus.

Passion Ce mot désigne les derniers jours de Jésus avant sa mort sur la croix.

Ressusciter S'éveiller, se relever. Dieu a ressuscité Jésus de la mort, il lui a donné une vie nouvelle pour toujours.

Écritures C'est ce que les chrétiens appellent l'Ancien Testament.

Prophètes Dans la Bible, ce sont des porte-parole de Dieu.

Église En grec, ce mot signifie « assemblée ». « Église » écrit avec un É majuscule désigne la famille des chrétiens.

Catholique En grec, ce mot signifie « universel » : l'Église est ouverte à tous les habitants de l'univers.

Nous prions pour tous les hommes

Voici le moment de confier à Dieu nos demandes : c'est la prière universelle. Nous prions Dieu pour l'Église, pour les malades, les pauvres, les malheureux, pour les responsables politiques...

Après chaque intention de prière, nous pouvons dire ou chanter l'une de ces prières :

– Seigneur, écoute-nous.
Seigneur, **exauce**-nous.

– Pour les hommes et pour les femmes,
pour les enfants de la terre,
ton Église qui t'acclame
vient te confier sa prière.

– Entends, Seigneur, la prière
qui monte de nos cœurs.

Les questions

Pourquoi appeler cette prière « universelle » ?

Parce que nous prions Dieu pour nous-mêmes, pour tous ceux qui nous entourent, mais aussi pour tous les habitants de l'univers.

Pourquoi fait-on une quête ?

L'argent que l'on donne permet d'entretenir les églises (chauffage, nettoyage, travaux…). Il permet aussi d'aider tous ceux qui en ont besoin.

Les mots pour comprendre

Exaucer

Écouter une prière, accorder ce que quelqu'un demande.

Royaume

Le Royaume de Dieu n'est pas un pays. C'est la vie avec Dieu que Jésus nous apprend à découvrir au cœur de l'amour que nous avons les uns pour les autres.

Nous présentons à Dieu le pain et le vin

Voici le moment de célébrer le repas du Seigneur.
On apporte le pain et le vin sur l'autel.
Le prêtre les présente à Dieu et nous bénissons Dieu avec lui.

Nous nous asseyons.
Le prêtre prend le pain et le lève devant lui en disant :

– Tu es **béni**, Seigneur, Dieu de l'univers : nous avons reçu de ta bonté
le pain que nous te présentons, fruit de la terre et du travail des hommes ;
il deviendra pour nous le pain de la vie.
Nous – Béni soit Dieu, maintenant et toujours !

Le prêtre verse un peu d'eau dans le vin en disant à voix basse :

– Comme cette eau se mêle au vin pour le sacrement de l'Alliance, puissions-nous être unis à la divinité de celui qui a voulu prendre notre humanité.

Puis le prêtre lève devant lui le calice en disant :

– Tu es béni, Seigneur, Dieu de l'univers : nous avons reçu de ta bonté
le vin que nous te présentons, fruit de la vigne et du travail des hommes ;
il deviendra pour nous le vin du Royaume éternel.
Nous – Béni soit Dieu, maintenant et toujours !

Le prêtre dit tout bas :

– Le cœur humble et contrit, nous te supplions, Seigneur, accueille-nous : que notre **sacrifice**, en ce jour, trouve grâce devant toi, Seigneur notre Dieu.

Le prêtre se lave les mains. Puis il étend les bras en disant :

– Priez, frères et sœurs : que mon sacrifice, qui est aussi le vôtre, soit agréable à Dieu le Père tout-puissant.

Nous nous levons.

Nous – Que le Seigneur reçoive de vos mains ce sacrifice à la louange
et à la gloire de son nom, pour notre bien et celui de toute l'Église.

Le prêtre lit une prière spéciale chaque dimanche. Elle se termine ainsi :

– Par le Christ, notre Seigneur.
Nous – Amen.

Les gestes

Apporter le pain et le vin

En apportant du pain (les hosties) et une coupe de vin, nous présentons à Dieu les fruits de notre travail et nous le remercions pour la vie qu'il nous donne.

Verser un peu d'eau dans le vin

En faisant ce geste, le prêtre demande à Dieu d'unir nos vies à la sienne.

Se laver les mains

Le prêtre se lave les mains en demandant à Dieu de le laver, de le purifier de ses péchés.

Les mots pour comprendre

Bénir

Dire du bien. Bénir Dieu, c'est le remercier pour tout ce qu'il nous donne.

Sacrifice

Dieu ne nous demande pas de lui sacrifier des animaux, comme on le faisait autrefois. Il ne nous demande pas non plus de mourir sur une croix, comme Jésus l'a fait. Il nous demande de lui offrir notre vie de tous les jours, comme un beau cadeau !

Nous remercions Dieu

Maintenant nous remercions Dieu,
nous lui rendons grâce pour toute la vie qu'il nous donne.
C'est le début de la grande prière eucharistique.

Le prêtre
– Le Seigneur soit avec vous.
Nous
– **Et avec votre esprit.**
Le prêtre
– **Élevons notre cœur.**
Nous
– Nous le tournons vers le Seigneur.
Le prêtre
– **Rendons grâce** au Seigneur, notre Dieu.
Nous
– Cela est juste et bon.

Le prêtre lève les bras et dit :

– Vraiment, il est juste et bon, pour ta gloire et notre salut,
de t'offrir notre action de grâce, toujours et en tout lieu,
Seigneur, Père très saint, Dieu éternel et tout-puissant,
par le Christ, notre Seigneur....

Selon les dimanches, la prière continue de manière différente.
Elle se termine ainsi :

Le prêtre

– C'est pourquoi, avec les anges et les archanges,
avec les puissances d'en haut et tous les esprits bienheureux,
nous chantons l'hymne de ta gloire et sans fin nous proclamons :

Nous

– Saint ! Saint ! Saint ! Le Seigneur, Dieu de l'univers !
Le ciel et la terre sont remplis de ta gloire.
Hosanna au plus haut des cieux.
Béni soit celui qui vient au nom du Seigneur.
Hosanna au plus haut des cieux.

Les mots pour comprendre

Et avec votre esprit
Cela veut dire : « et avec vous aussi ». Dans certains pays, l'assemblée répond : « Il est au milieu de nous. »

Élever notre cœur
Regarder plus loin, plus haut, s'ouvrir à l'amour de Dieu.

Rendre grâce
C'est remercier Dieu pour tout ce qu'il nous donne.

Anges
Dans la Bible, ce sont des personnages mystérieux qui servent de messagers entre Dieu et les hommes.

Saint et saints
Saint est un mot pour dire que Dieu est différent des hommes. La Bible dit que Dieu seul est saint et qu'il invite tous les hommes à partager sa sainteté. C'est pourquoi nous appelons « saints » les personnes qui ont vécu très proches de Dieu.

Hosanna
Ce mot hébreu signifie : « Sauve donc ! » Les habitants de Jérusalem ont crié « Hosanna » en agitant des rameaux pour accueillir Jésus entrant comme un roi dans la ville.

Jésus Christ nous offre sa vie

Le prêtre demande à Dieu de consacrer le pain et le vin par son Esprit. Ceux-ci deviendront le Corps et le Sang de Jésus Christ.

Il y a plusieurs prières eucharistiques différentes. Le prêtre dit souvent celle-ci :

– Toi qui es vraiment saint, toi qui es la source de toute sainteté, Dieu notre Père, nous voici rassemblés devant toi, et, dans la communion de toute l'Église, nous célébrons le jour où le Christ est ressuscité d'entre les morts. Par lui que tu as élevé à ta droite, nous te prions :

Le prêtre étend les mains sur le pain et le vin.

– Sanctifie ces offrandes en répandant sur elles ton Esprit ; qu'elles deviennent pour nous le Corps et le Sang de Jésus, le Christ, notre Seigneur.

Le prêtre fait un signe de croix sur le pain et le calice. Puis il prend le pain.

– Au moment d'être livré et d'entrer librement dans sa passion, il prit le pain, il rendit grâce, il le rompit et le donna à ses disciples, en disant :
« Prenez et mangez-en tous :
ceci est mon corps livré pour vous. »

Le prêtre élève le pain. Nous le regardons, puis nous inclinons la tête.
Le prêtre prend le calice de vin.

– De même, après le repas, il prit la coupe ; de nouveau il rendit grâce, et la donna à ses disciples, en disant :
« Prenez et buvez-en tous, car ceci est la coupe de mon sang, le sang de l'**Alliance** nouvelle et éternelle, qui sera versé pour vous et pour la **multitude** en **rémission des péchés**. Vous ferez cela en mémoire de moi. »

Le prêtre élève le calice. Nous le regardons, puis nous inclinons la tête à nouveau.

Les mots pour comprendre

Sanctifier Rendre saint.

Offrandes Cadeaux, dons.

Alliance
Quand deux personnes font une alliance, elles promettent de se faire confiance quoi qu'il arrive. Les chrétiens disent : Dieu fait alliance avec nous, il est notre Dieu, nous sommes son peuple.

Multitude
C'est la foule immense des hommes du monde entier.

Rémission des péchés
C'est le pardon que Dieu nous donne. Il montre que son amour est plus fort que nos fautes.

Les gestes

Étendre les mains
En faisant ce geste, le prêtre appelle l'Esprit Saint à consacrer le pain et le vin, et à rendre Jésus Christ présent au milieu de nous.

Élever le pain
Le prêtre lève l'hostie, puis le calice, pour que l'assemblée les voie et adore respectueusement le Corps et le Sang du Christ.

S'incliner
C'est un geste de respect et d'adoration.

Avec Jésus Christ, nous offrons notre vie à Dieu

Nous prions Dieu qu'il reçoive nos vies comme un cadeau.
Nous lui demandons aussi d'être rassemblés par son Esprit.
Nous prions pour l'Église et pour tous les vivants et les morts.

Le prêtre

– Il est grand, le **mystère de la foi**.

Nous

– Nous annonçons ta mort, Seigneur Jésus, nous proclamons ta résurrection, nous attendons ta venue dans la gloire.

Le prêtre

– **En faisant ainsi mémoire** de la mort et de la résurrection de ton Fils, nous t'offrons, Seigneur, le Pain de la vie et la Coupe du salut, et nous te rendons grâce,car tu nous as estimés dignes de nous tenir devant toi pour te servir.
Humblement, nous te demandons qu'en ayant part au Corps et au Sang du Christ, nous soyons rassemblés par l'Esprit Saint en un seul corps.

Souviens-toi, Seigneur, de ton Église répandue à travers le monde : fais-la grandir dans ta charité en union avec notre **pape**…, notre **évêque**…, et tous les évêques, les prêtres et les diacres.
Souviens-toi aussi de nos frères et sœurs qui se sont endormis dans l'espérance de la résurrection, et souviens-toi, dans ta miséricorde, de tous les défunts : accueille-les dans la lumière de ton visage.
Sur nous tous enfin, nous **implorons** ta bonté : permets qu'avec la Vierge Marie, la bienheureuse Mère de Dieu, avec saint Joseph, son époux, les **Apôtres** et tous les saints qui ont fait ta joie au long des âges, nous ayons part à la **vie éternelle**, et que nous chantions ta louange et ta gloire, par ton Fils Jésus, le Christ.

Le prêtre élève l'hostie et le calice.

Par lui, avec lui et en lui, à toi, Dieu le Père tout-puissant, dans l'unité du Saint-Esprit, tout honneur et toute gloire, pour les siècles des siècles.

Nous – Amen.

Les mots pour comprendre

Mystère de la foi
Les chrétiens croient que Jésus est ressuscité, qu'il est vivant pour toujours et qu'il reviendra à la fin des temps. C'est un grand mystère !

Faire mémoire
C'est se souvenir d'un évènement passé et proclamer qu'il reste toujours actuel.

Pape
Avec les évêques, il est responsable de l'Église catholique.

Évêque
C'est un successeur des apôtres. Il est responsable des catholiques d'un diocèse. En France, cela correspond souvent à un département.

Implorer
Supplier, demander avec force.

Apôtre
En grec, ce mot signifie « envoyé ». Il a été donné aux douze hommes que Jésus a choisis. Il les a aussi envoyés en mission.

Vie éternelle
C'est la vie avec Dieu, qui s'épanouira pleinement après la mort.

Nous disons le Notre Père

Jésus nous fait découvrir que Dieu est le Père de tous les hommes.
Et il nous apprend à le prier en l'appelant « Notre Père ».
Tous ensemble, nous disons ou nous chantons cette prière.

Le prêtre

– Comme nous l'avons appris du **Sauveur**, et selon son commandement, nous osons dire :

Nous pouvons ouvrir les mains en disant cette prière.

Nous

– Notre Père qui es aux **cieux**,
que ton nom soit sanctifié,
que ton **règne** vienne,
que ta volonté soit faite
sur la terre comme au ciel.
Donne-nous aujourd'hui
notre pain de ce jour.
Pardonne-nous nos **offenses**,
comme nous pardonnons aussi
à ceux qui nous ont offensés.
Et ne nous laisse pas entrer en **tentation**,
mais délivre-nous du Mal.
Amen.

Le prêtre

– Délivre-nous de tout mal, Seigneur, et donne la paix à notre temps : soutenus par ta miséricorde, nous serons libérés de tout péché, à l'abri de toute épreuve, nous qui attendons que se réalise cette bienheureuse espérance : l'**avènement** de Jésus Christ, notre Sauveur.

Nous

– Car c'est à toi qu'appartiennent le règne, la puissance et la gloire, pour les siècles des siècles.

Les gestes

Ouvrir les mains
Nous refaisons ainsi le geste des premiers chrétiens qui priaient Dieu debout, les bras ouverts et les mains tendues vers le haut.
C'est la position d'une personne libre qui a confiance en Dieu.

Les mots pour comprendre

Sauveur
C'est l'un des noms que l'on donne à Jésus, car il nous sauve du mal et de la mort.

Cieux
Dieu n'est pas assis sur un nuage, dans le ciel ! Mais les cieux, c'est quelque chose d'infini et de mystérieux, comme Dieu.

Règne
Jésus a parlé de Dieu comme d'un roi et il a dit : « Le règne de Dieu est proche. » Par sa vie, Jésus a montré que Dieu est présent au milieu des hommes comme un roi qui les aime.
C'est en vivant comme Jésus que l'on accueille le règne de Dieu.

Offenses
Fautes, péchés, manques d'amour.

Tentation
Envie de faire quelque chose de mal ou d'interdit.

Avènement
Arrivée triomphale.

Nous nous donnons la paix du Christ

Puisque Dieu est notre Père, nous sommes tous frères et sœurs en Jésus Christ. Pour montrer que nous sommes de la même famille, le prêtre nous invite à nous donner et recevoir la paix au nom de Jésus le Christ.

Le prêtre

– Seigneur Jésus Christ, tu as dit à tes apôtres :
« Je vous laisse la paix, je vous donne ma paix » ;
ne regarde pas nos péchés, mais la foi de ton Église ;
pour que ta volonté s'accomplisse, donne-lui toujours
cette paix et conduis-la vers l'unité parfaite,
toi qui vis et règnes pour les siècles des siècles.

Nous

– Amen.

Le prêtre

– Que la paix du Seigneur soit toujours avec vous.

Nous

– Et avec votre esprit.

Le prêtre

– Dans la **charité** du Christ, donnez-vous la paix.

Chacun, à son voisin

– La paix du Christ.

Le voisin répond

– Amen.

Nous

– **Agneau de Dieu**, qui enlèves les péchés du monde,
prends pitié de nous.
Agneau de Dieu, qui enlèves les péchés du monde,
prends pitié de nous.
Agneau de Dieu, qui enlèves les péchés du monde,
donne-nous la paix.

Les gestes

Se donner la paix du Christ

Nous nous serrons la main ou nous nous embrassons pour nous transmettre la paix qui vient du Christ.

Les mots pour comprendre

Charité

Amour qui vient de Dieu.

Agneau de Dieu

Dans l'Ancien Testament, les croyants offraient à Dieu des agneaux.
Jésus est appelé « l'Agneau de Dieu » parce qu'il offre sa vie à Dieu.

Nous communions à la vie de Jésus Christ

Nous nous nourrissons maintenant de la vie de Jésus Christ, en communiant, en recevant le pain de vie.

Le prêtre rompt le pain et dit :

– Voici l'Agneau de Dieu,
voici celui qui enlève les péchés du monde.
Heureux les invités au repas des noces de l'Agneau !

Nous

– Seigneur, je ne suis pas digne de te recevoir,
mais dis seulement une parole et je serai guéri.

Si tu n'as pas fait ta première communion, tu peux t'avancer les bras croisés sur ta poitrine pour recevoir la bénédiction de Dieu.

Ceux qui vont communier s'avancent et tendent les mains ou ouvrent la bouche pour recevoir le Corps du Christ.

En donnant l'hostie, le prêtre dit :

– Le Corps du Christ.

Ceux qui communient répondent :

– Amen.

Les gestes

Rompre le pain
Le prêtre brise, rompt l'hostie comme Jésus a rompu le pain pendant son repas d'adieu pour le partager. Les premiers chrétiens ont souvent nommé la messe « la fraction du pain ».

Tendre les mains pour communier
Voici ce que disait saint Cyrille (IVe siècle) : « Lorsque tu t'avances, ne t'approche pas les mains grandes ouvertes ni les doigts écartés, fais un trône pour la droite qui va recevoir le Roi. Reçois le corps du Christ dans le creux de ta main et réponds : "Amen." »

Les questions

Pourquoi certains enfants ne communient-ils pas ?
Avant de communier pour la première fois, les enfants baptisés prennent le temps de se préparer. Ils apprennent à découvrir Jésus et à reconnaître sa présence parmi nous.

Pourquoi le pain que l'on partage à la messe s'appelle-t-il une « hostie » ?
Ce mot veut dire « victime offerte ». L'hostie consacrée, c'est Jésus Christ offert pour donner la vie aux hommes.

Le Seigneur nous envoie en mission

Après quelques informations, le prêtre nous donne la bénédiction et la force de Dieu. Chacun est envoyé partager sa foi, son temps, ses jeux, son travail, avec tous ceux qu'il rencontre.

Le prêtre – Le Seigneur soit avec vous.

Nous – Et avec votre esprit.

Le prêtre nous bénit : nous faisons le signe de croix.

Le prêtre
– Que Dieu tout-puissant vous bénisse,
le Père, le Fils, et le Saint-Esprit.

Nous – Amen.

Le prêtre – Allez dans la paix du Christ.

Nous – Nous rendons grâce à Dieu.

La messe est terminée. Nous nous séparons en chantant.

Les gestes

Bénir

Le prêtre trace sur l'assemblée une large croix avec sa main. Par cette bénédiction, il enveloppe les chrétiens de la force et de l'amour de Dieu avant de les envoyer témoigner de la résurrection de Jésus Christ.

Se séparer

On ne peut pas toujours rester entre chrétiens. Il faut se séparer pour aller vivre avec les autres. Le peuple rassemblé à la messe est une graine du peuple de Dieu qui va germer.

Les mots pour comprendre

Messe

Ce mot vient du latin « missa », qui veut dire « envoi, mission ». Autrefois à la fin de la messe, le prêtre disait en latin : « Ite, missa est. » Ce qui veut dire : « Allez, c'est fait. » La messe est un temps pour reprendre des forces avec Dieu avant de repartir en messie annoncer son Amour.

Communion des malades

Des membres de l'assemblée peuvent apporter l'eucharistie au domicile des malades. Le prêtre leur confie l'hostie consacrée, dans une petite boîte appelée la « custode » ; et il les charge d'assurer le malade de la prière de tous.

L'année liturgique

Tout au long de l'année, les chrétiens célèbrent ensemble les grands moments de la vie de Jésus Christ : c'est l'année liturgique. Elle ne commence pas le 1er janvier, mais quatre semaines avant Noël.

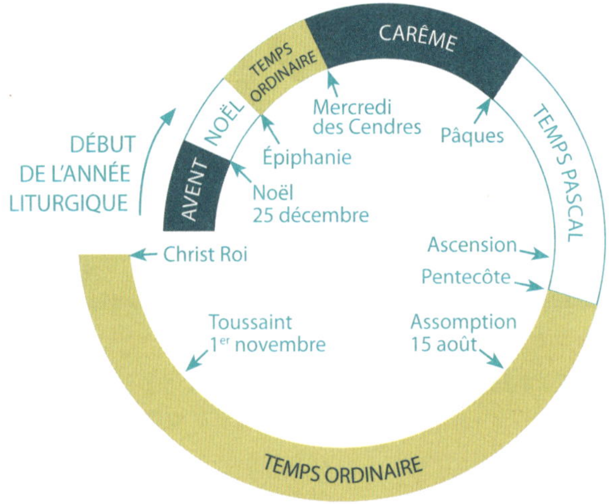

Voici les quatre moments importants de l'année liturgique

L'Avent
C'est le temps de l'attente. Il débute quatre dimanches avant Noël. Nous nous préparons à accueillir Jésus.

Noël
Du jour de Noël à l'Épiphanie, nous fêtons la venue de Jésus.

Le Carême
Il dure quarante jours, du mercredi des Cendres à la Semaine sainte. On se prépare à la grande fête de Pâques, qui est le plus grand moment de l'année.

Le temps pascal
Il va du jour de Pâques à la fête de la Pentecôte. On célèbre la résurrection de Jésus.

Le reste de l'année liturgique s'appelle le temps ordinaire.

Deuxième partie de ton missel
Des trésors plein les pages

Ce nouveau missel des enfants te tiendra compagnie tout au long de l'année. Dimanche après dimanche, il te fera mieux connaître Jésus.
À chaque messe, Jésus nous rassemble, nous ses disciples.

Entre deux dimanches, choisis dans ton missel une phrase de la Bible à retenir : elle peut illuminer toute ta semaine !

Ici commence la deuxième partie de ton missel. Tu y trouveras les textes qui changent chaque dimanche et ceux de toutes les grandes fêtes.

3 décembre 2023

1er dimanche de l'Avent

Aujourd'hui, le temps de l'Avent commence.
Avent veut dire « venue ». Oui, Jésus vient.
Quand on attend un ami, on est heureux, on y pense
et on se prépare. Alors, vivement Noël !

Première lecture

Lecture du livre d'Isaïe

Is 63,16b-17.19b ; 64,2b-7

Cinq cents ans avant Jésus Christ, Isaïe parlait au nom du peuple d'Israël. Il appelait Dieu « Notre Père », comme nous aujourd'hui.

C'est toi, Seigneur, notre Père ; « Notre-**rédempteur**-depuis-toujours », tel est ton nom. Pourquoi, Seigneur, nous laisses-tu **errer** hors de tes chemins ? Pourquoi laisser nos cœurs s'endurcir et ne plus te **craindre** ? Reviens, à cause de tes serviteurs, des tribus de ton héritage. Ah ! Si tu déchirais les cieux, si tu descendais, les montagnes seraient ébranlées devant ta face. Voici que tu es descendu : les montagnes furent ébranlées devant ta face. Jamais on n'a entendu, jamais on n'a ouï dire, nul œil n'a jamais vu un autre dieu que toi agir ainsi pour celui qui l'attend. Tu viens rencontrer celui qui pratique avec joie la justice, qui se souvient de toi en suivant tes chemins. Tu étais irrité, mais nous avons encore péché, et nous nous sommes égarés. Tous, nous étions comme des gens impurs, et tous nos actes justes n'étaient que linges souillés. Tous, nous étions desséchés comme des feuilles, et nos fautes, comme le vent, nous emportaient. Personne n'invoque plus ton nom, nul ne se réveille pour prendre appui sur toi. Car tu nous as caché ton visage, tu nous as livrés au pouvoir de nos fautes. Mais maintenant, Seigneur, c'est toi notre père. Nous sommes l'argile, c'est toi qui nous façonnes : nous sommes tous l'ouvrage de ta main.

Psaume Ps 79

**Dieu, fais-nous revenir, que ton visage s'éclaire,
et nous serons sauvés !**

Berger d'Israël, écoute,
resplendis au-dessus des Kéroubim !
Réveille ta vaillance
et viens nous sauver.

Dieu de l'univers, reviens !
Du haut des cieux, regarde et vois :
visite cette vigne, protège-la,
celle qu'a plantée ta main puissante.

Que ta main soutienne ton protégé,
le fils de l'homme qui te doit sa force.
Jamais plus nous n'irons loin de toi :
fais-nous vivre et invoquer ton nom !

Deuxième lecture Lecture de la première lettre de saint Paul apôtre aux Corinthiens 1 Co 1,3-9

Saint Paul parle des trésors que Dieu donne à tous ceux qui attendent la venue de Jésus.

Frères, à vous, la grâce et la paix, de la part de Dieu notre Père et du Seigneur Jésus Christ. Je ne cesse de **rendre grâce** à Dieu à votre sujet, pour la grâce qu'il vous a donnée dans le Christ Jésus ; en lui vous avez reçu toutes les richesses, toutes celles de la parole et de la connaissance de Dieu. Car le témoignage rendu au Christ s'est établi fermement parmi vous. Ainsi, aucun don de grâce ne vous manque, à vous qui attendez de voir se **révéler** notre Seigneur Jésus Christ. C'est lui qui vous fera tenir fermement jusqu'au bout, et vous serez sans reproche au jour de notre Seigneur Jésus Christ. Car Dieu est fidèle, lui qui vous a appelés à vivre en communion avec son Fils, Jésus Christ notre Seigneur.

Évangile — Évangile de Jésus Christ selon saint Marc

Mc 13,33-37

Jésus parle du moment où il viendra régner pour toujours. Personne ne sait quand cela se passera. Le Christ dit seulement : « Veillez ! »

En ce temps-là, Jésus disait à ses disciples : « Prenez garde, restez éveillés : car vous ne savez pas quand ce sera le moment. C'est comme un homme parti en voyage : en quittant sa maison, il a donné tout pouvoir à ses serviteurs, fixé à chacun son travail, et demandé au portier de veiller. Veillez donc, car vous ne savez pas quand vient le maître de la maison, le soir ou à minuit, au chant du coq ou le matin ; s'il arrive **à l'improviste**, il ne faudrait pas qu'il vous trouve endormis. Ce que je vous dis là, je le dis à tous : **Veillez !** »

Les mots de la Bible

Rédempteur
Celui qui défend et prend soin des plus faibles, des plus pauvres.

Errer
Marcher au hasard, sans but.

Crainte (du Seigneur)
C'est le mélange de respect et d'émerveillement des hommes devant Dieu.

Rendre grâce
Remercier.

Révéler
Faire connaître ce qui est inconnu ou secret.

À l'improviste
D'une façon inattendue.

Veiller
Veiller, c'est rester éveillé au lieu de dormir, c'est être attentif. Jésus nous demande de veiller car il est présent au milieu de nous mais de façon cachée. Soyons prêts à l'accueillir chaque jour et à lui faire une place encore plus grande dans notre vie. L'Avent est une période qui sert particulièrement à cela.

Retourne page 15 pour poursuivre la messe.

10
décembre
2023

2e dimanche de l'Avent

Dans quinze jours, c'est Noël, la fête de la venue de Jésus. Alors, vite ! Enlevons de nos vies tout ce qui peut empêcher Dieu de s'approcher. Que nos cœurs soient sa demeure.

Première lecture Lecture du livre d'Isaïe Is 40,1-5.9-11

À l'époque d'Isaïe, les juifs étaient prisonniers à Babylone. Isaïe les rassure : Dieu va les libérer. Ils pourront rentrer chez eux.

Consolez, consolez mon peuple – dit votre Dieu –, parlez au cœur de Jérusalem. Proclamez que son service est accompli, que son crime est expié, qu'elle a reçu de la main du Seigneur le double pour toutes ses fautes. Une voix proclame : « Dans le désert, préparez le chemin du Seigneur ; tracez droit, dans les terres **arides**, une route pour notre Dieu. Que tout ravin soit comblé, toute montagne et toute colline abaissées ! Que les **escarpements** se changent en plaine, et les sommets, en large vallée ! Alors se révélera la gloire du Seigneur, et tout être de chair verra que la bouche du Seigneur a parlé. » Monte sur une haute montagne, toi qui portes la bonne nouvelle à **Sion**. Élève la voix avec force, toi qui portes la bonne nouvelle à Jérusalem. Élève la voix, ne crains pas. Dis aux villes de Juda : « Voici votre Dieu ! » Voici le Seigneur Dieu ! Il vient avec puissance ; son bras lui soumet tout. Voici le fruit de son travail avec lui, et devant lui, son ouvrage. Comme un berger, il fait paître son troupeau : son bras rassemble les agneaux, il les porte sur son cœur, il mène les brebis qui allaitent.

Psaume Ps 84

**Fais-nous voir, Seigneur, ton amour,
et donne-nous ton salut.**

J'écoute : que dira le Seigneur Dieu ?
Ce qu'il dit, c'est la paix pour son peuple et ses fidèles.
Son salut est proche de ceux qui le craignent,
et la gloire habitera notre terre.

Amour et vérité se rencontrent,
justice et paix s'embrassent ;
la vérité germera de la terre
et du ciel se penchera la justice.

Le Seigneur donnera ses bienfaits,
et notre terre donnera son fruit.
La justice marchera devant lui,
et ses pas traceront le chemin.

Deuxième lecture

Lecture de la lettre de saint Pierre apôtre

2 P 3,8-14

Cent ans après Jésus Christ, certains chrétiens sont déçus. Ils pensaient que Jésus allait revenir et il ne se passe rien.

Bien-aimés, il est une chose qui ne doit pas vous échapper : pour le Seigneur, un seul jour est comme mille ans, et mille ans sont comme un seul jour. Le Seigneur ne tarde pas à tenir sa promesse, alors que certains prétendent qu'il a du retard. Au contraire, il prend patience envers vous, car il ne veut pas en laisser quelques-uns se perdre, mais il veut que tous parviennent à la **conversion**. Cependant le **jour du Seigneur** viendra, comme un voleur. Alors les cieux disparaîtront avec fracas, les éléments embrasés seront dissous, la terre, avec tout ce qu'on a fait ici-bas, ne pourra y échapper. Ainsi, puisque tout cela est en voie de dissolution, vous voyez quels hommes vous devez être, en vivant dans la sainteté et la piété, vous qui attendez, vous qui hâtez l'avènement du jour de Dieu, ce jour où les cieux enflammés seront dissous, où les éléments embrasés seront en fusion. Car ce que nous attendons, selon la promesse du Seigneur, c'est un ciel nouveau et une terre nouvelle où résidera la justice. C'est pourquoi, bien-aimés, en attendant cela, faites tout pour qu'on vous trouve sans tache ni défaut, dans la paix.

Évangile — Évangile de Jésus Christ selon saint Marc

Mc 1,1-8

L'envoyé de Dieu que Jean Baptiste annonçait, c'est Jésus. Tout le monde attendait le Messie. Nous aussi.

Commencement de l'Évangile de Jésus, Christ, Fils de Dieu. Il est écrit dans Isaïe, le prophète : Voici que j'envoie mon messager en avant de toi, pour ouvrir ton chemin. Voix de celui qui crie dans le désert : Préparez le chemin du Seigneur, rendez droits ses sentiers. Alors **Jean**, celui qui baptisait, parut dans le désert. Il proclamait un baptême de conversion pour le pardon des péchés. Toute la **Judée**, tous les habitants de Jérusalem se rendaient auprès de lui, et ils étaient baptisés par lui dans le **Jourdain**, en reconnaissant publiquement leurs péchés. Jean était vêtu de poil de chameau, avec une ceinture de cuir autour des reins ; il se nourrissait de sauterelles et de miel sauvage. Il proclamait : « Voici venir derrière moi celui qui est plus fort que moi ; je ne suis pas digne de m'abaisser pour défaire la **courroie** de ses sandales. Moi, je vous ai baptisés avec de l'eau ; lui vous baptisera dans l'Esprit Saint. »

Les mots de la Bible

Aride
Une terre aride, c'est une terre très sèche, où il ne pousse aucune plante.

Escarpement
Pente très raide.

Sion
C'est l'ancien nom de Jérusalem.

Conversion
« Se tourner vers ». Quand une personne se convertit, elle se tourne vers Dieu.

Jour du Seigneur
C'est le jour de la venue du Seigneur, à la fin des temps.

Jean (Baptiste)
Jean était le fils de Zacharie et d'une cousine de Marie, Élisabeth. Il vivait dans le désert, au bord du fleuve Jourdain. Il parlait au nom de Dieu : c'était un prophète. Il annonçait à tous que l'envoyé de Dieu, le Messie, allait venir. Jean baptisait dans l'eau ceux qui voulaient changer de vie. C'est pour cela qu'on le surnommait Jean le Baptiste.

Judée
C'est l'une des trois principales régions de la Palestine (regarde la carte page 309).

Jourdain
Fleuve qui traverse la Palestine du nord au sud (regarde la carte page 309).

Courroie
Longue bande étroite qui sert à attacher la sandale.

Retourne page 15 pour poursuivre la messe.

17
décembre
2023

3e dimanche de l'Avent

Nous avons beaucoup de chance de préparer Noël. C'est une belle fête pleine de cadeaux. Et, surtout, c'est une très grande nouvelle. Jésus naît pour les hommes et les femmes du monde entier. Nous pouvons le dire à tous !

Première lecture — Lecture du livre d'Isaïe

Is 61,1-2a.10-11

Cinq cents ans avant Jésus, le prophète Isaïe se réjouissait : Dieu l'avait choisi pour annoncer à tous une grande nouvelle.

L'esprit du Seigneur Dieu est sur moi parce que le Seigneur m'a consacré par l'**onction**. Il m'a envoyé annoncer la bonne nouvelle aux humbles, guérir ceux qui ont le cœur brisé, proclamer aux captifs leur délivrance, aux prisonniers leur libération, proclamer une année de bienfaits accordée par le Seigneur. Je tressaille de joie dans le Seigneur, mon âme exulte en mon Dieu. Car il m'a vêtu des vêtements du salut, il m'a couvert du manteau de la justice, comme le jeune marié orné du diadème, la jeune mariée que parent ses joyaux. Comme la terre fait éclore son germe, et le jardin, germer ses semences, le Seigneur Dieu fera germer la justice et la louange devant toutes les nations.

Psaume — Cantique Lc 1,46b-48.49-50.53-54

Mon âme exulte en mon Dieu.

Mon âme exalte le Seigneur,
exulte mon esprit en Dieu, mon Sauveur !
Il s'est penché sur son humble servante ;
désormais tous les âges me diront bienheureuse.

Le Puissant fit pour moi des merveilles ;
Saint est son nom !
Sa miséricorde s'étend d'âge en âge
sur ceux qui le craignent.

Il comble de biens les affamés,
renvoie les riches les mains vides.
Il relève Israël son serviteur,
il se souvient de son amour.

Deuxième lecture

Lecture de la première lettre de saint Paul apôtre aux Thessaloniciens

1 Th 5,16-24

Voici la fin de la lettre que Paul a écrite aux chrétiens de Thessalonique. Il leur donne ses derniers conseils et les bénit.

Frères, soyez toujours dans la joie, priez sans relâche, rendez grâce en toute circonstance : c'est la volonté de Dieu à votre égard dans le Christ Jésus. N'éteignez pas l'**Esprit**, ne méprisez pas les prophéties, mais discernez la valeur de toute chose : ce qui est bien, gardez-le ; éloignez-vous de toute espèce de mal. Que le Dieu de la paix lui-même vous sanctifie tout entiers ; que votre esprit, votre âme et votre corps, soient tout entiers gardés sans reproche pour la venue de notre Seigneur Jésus Christ. Il est fidèle, Celui qui vous appelle : tout cela, il le fera.

Évangile

Évangile de Jésus Christ selon saint Jean

Jn 1,6-8.19-28

Quand Jean le Baptiste baptisait dans le Jourdain, des foules de gens venaient le trouver et beaucoup se disaient : « C'est peut-être lui le Messie. » Et lui, que disait-il ?

Il y eut un homme envoyé par Dieu ; son nom était Jean. Il est venu comme témoin, pour rendre témoignage à la Lumière, afin que tous croient par lui. Cet homme n'était pas la Lumière, mais il était là pour rendre témoignage à la Lumière. Voici le témoignage de Jean, quand les Juifs lui envoyèrent de Jérusalem des **prêtres** et des **lévites** pour lui demander : « Qui es-tu ? » Il ne refusa pas de répondre, il déclara ouvertement : « Je ne suis pas le **Christ**. » Ils lui demandèrent : « Alors qu'en est-il ? Es-tu le prophète **Élie** ? » Il répondit : « Je ne le suis pas. – Es-tu **le Prophète** annoncé ? » Il répondit : « Non. » Alors ils lui dirent : « Qui es-tu ? Il faut que nous donnions une réponse à ceux qui nous ont envoyés. Que dis-tu sur toi-même ? » Il répondit : « Je suis la voix de celui qui crie dans le désert : Redressez le chemin du Seigneur, comme a dit le prophète Isaïe. » Or, ils avaient été envoyés de la part des pharisiens. Ils lui posèrent encore cette question : « Pourquoi donc baptises-tu, si tu n'es ni le Christ, ni Élie, ni le Prophète ? » Jean leur répondit : « Moi, je baptise dans l'eau. Mais au milieu de vous se tient **celui que vous ne connaissez pas** ; c'est lui qui vient derrière moi, et je ne suis pas digne de délier la courroie de sa sandale. » Cela s'est passé à Béthanie, de l'autre côté du Jourdain, à l'endroit où Jean baptisait.

Les mots de la Bible

Onction
Geste qui montre qu'une personne est consacrée à Dieu : on met de l'huile parfumée sur sa peau.

Esprit
C'est l'amour qui unit en Dieu le Père et le Fils. C'est le don de Dieu aux hommes.

Prêtres et lévites
C'étaient les responsables des prières et des sacrifices d'animaux au Temple.

Christ
Cela veut dire « envoyé pour une mission ». Beaucoup de juifs attendaient cet envoyé de Dieu.

Élie
Prophète du IXème siècle av. J.C. Certains juifs pensaient qu'il reviendrait juste avant le Messie.

Le Prophète
Certains juifs attendaient un Messie qui ressemblerait au grand prophète Moïse.

Celui que vous ne connaissez pas
À l'époque de Jésus, beaucoup de juifs attendaient un sauveur. Il chasserait les Romains du pays et installerait un royaume de paix et de justice. Mais qui serait-il ? Mystère. Nous savons bien que cet homme, c'est Jésus. Nous croyons bien le connaître. Jean Baptiste nous dit qu'il se tient au milieu de nous. Ne l'oublions pas !

Retourne page 15 pour poursuivre la messe.

24 décembre 2023

4e dimanche de l'Avent

Dieu arrive souvent sans qu'on s'y attende, comme chez Marie. Quelle surprise : elle a appris qu'elle allait être la mère du Fils de Dieu ! Nous savons déjà tout ça. Mais c'est extraordinaire, non ?

Première lecture

Lecture du deuxième livre de Samuel

2 S 7,1-5.8b-12.14a.16

Le roi David voulait faire quelque chose pour Dieu. Le prophète Nathan lui a rappelé que c'est Dieu qui fait tout pour lui.

Le roi David habitait enfin dans sa maison. Le Seigneur lui avait accordé la tranquillité en le délivrant de tous les ennemis qui l'entouraient. Le roi dit alors au prophète Nathan : « Regarde ! J'habite dans une maison de **cèdre**, et l'**arche de Dieu** habite sous un abri de toile ! » Nathan répondit au roi : « Tout ce que tu as l'intention de faire, fais-le, car le Seigneur est avec toi. » Mais, cette nuit-là, la parole du Seigneur fut adressée à Nathan : « Va dire à mon serviteur David : Ainsi parle le Seigneur : Est-ce toi qui me bâtiras une maison pour que j'y habite ? C'est moi qui t'ai pris au pâturage, derrière le troupeau, pour que tu sois le chef de mon peuple Israël. J'ai été avec toi partout où tu es allé, j'ai abattu devant toi tous tes ennemis. Je t'ai fait un nom aussi grand que celui des plus grands de la terre. Je fixerai en ce lieu mon peuple Israël, je l'y planterai, il s'y établira et ne tremblera plus, et les méchants ne viendront plus l'humilier, comme ils l'ont fait autrefois, depuis le jour où j'ai institué des juges pour conduire mon peuple Israël. Oui, je t'ai accordé la tranquillité en te délivrant de tous tes ennemis. Le Seigneur t'annonce qu'il te fera lui-même une maison. Quand tes jours seront accomplis et que tu reposeras auprès de tes pères, je te susciterai dans ta descendance un successeur, qui naîtra de toi, et je rendrai stable sa royauté. Moi, je serai pour lui un père ; et lui sera pour moi un fils. Ta maison et ta royauté subsisteront toujours devant moi, ton trône sera stable pour toujours. »

Psaume Ps 88

Ton amour, Seigneur, sans fin je le chante !

L'amour du Seigneur, sans fin je le chante ;
ta fidélité, je l'annonce d'âge en âge.
Je le dis : C'est un amour bâti pour toujours ;
ta fidélité est plus stable que les cieux.

« Avec mon élu, j'ai fait une alliance,
j'ai juré à David, mon serviteur :
j'établirai ta dynastie pour toujours,
je te bâtis un trône pour la suite des âges. »

« Il me dira : "Tu es mon Père,
mon Dieu, mon roc et mon salut !"
Sans fin je lui garderai mon amour,
mon alliance avec lui sera fidèle. »

Deuxième lecture Fin de la lettre de saint Paul apôtre aux Romains

Rm 16,25-27

**Paul termine sa lettre aux Romains en remerciant Dieu.
Dieu nous a fait découvrir Jésus, pour se faire connaître lui-même.**

Frères, à Celui qui peut vous rendre forts selon mon Évangile qui proclame Jésus Christ : révélation d'un mystère gardé depuis toujours dans le silence, **mystère** maintenant manifesté au moyen des écrits prophétiques, selon l'ordre du Dieu éternel, mystère porté à la connaissance de toutes les nations pour les amener à l'obéissance de la foi, à Celui qui est le seul sage, Dieu, par Jésus Christ, à lui la gloire pour les siècles. Amen.

Évangile — Évangile de Jésus Christ selon saint Luc

Lc 1,26-38

Un messager de Dieu vient voir Marie, une jeune fille d'Israël. Il lui confie un projet étonnant. Et Marie fait confiance à Dieu : elle accepte !

En ce temps-là, l'ange Gabriel fut envoyé par Dieu dans une ville de Galilée, appelée Nazareth, à une jeune fille **vierge**, accordée en mariage à un homme de la maison de David, appelé Joseph ; et le nom de la jeune fille était **Marie**. L'ange entra chez elle et dit : « Je te salue, Comblée-de-grâce, le Seigneur est avec toi. » À cette parole, elle fut toute bouleversée, et elle se demandait ce que pouvait signifier cette salutation. L'ange lui dit alors : « Sois sans crainte, Marie, car tu as trouvé grâce auprès de Dieu. Voici que tu vas concevoir et enfanter un fils ; tu lui donneras le nom de **Jésus**. Il sera grand, il sera appelé Fils du **Très-Haut** ; le Seigneur Dieu lui donnera le trône de David son père ; il régnera pour toujours sur la maison de Jacob, et son règne n'aura pas de fin. » Marie dit à l'ange : « Comment cela va-t-il se faire, puisque je ne connais pas d'homme ? » L'ange lui répondit : « L'Esprit Saint viendra sur toi, et la puissance du Très-Haut te prendra sous son ombre ; c'est pourquoi celui qui va naître sera saint, il sera appelé Fils de Dieu. Or voici que, dans sa vieillesse, Élisabeth, ta parente, a conçu, elle aussi, un fils et en est à son sixième mois, alors qu'on l'appelait la **femme stérile**. Car rien n'est impossible à Dieu. » Marie dit alors : « Voici la servante du Seigneur ; que tout m'advienne selon ta parole. » Alors l'ange la quitta.

Les mots de la Bible

Cèdre
Grand arbre de la famille du pin.

Arche de Dieu
C'est un coffret en bois. Il contenait la loi que Dieu avait donnée au peuple d'Israël au temps de Moïse.

Mystère
Ce mot grec veut dire « ce qui est dévoilé ». Le mystère, ici, c'est la venue de Jésus Christ.

Vierge
Femme qui n'a jamais eu de relations sexuelles avec un homme.

Marie
Marie est une jeune fille de Nazareth. Elle est fiancée à Joseph, le charpentier. Quand l'ange du Seigneur lui annonce qu'elle va avoir un enfant, elle a du mal à le croire car elle ne vit pas encore avec Joseph ! Mais elle comprend que rien n'est impossible pour Dieu. Et, sans réfléchir plus longtemps, elle accepte que Dieu vienne transformer sa vie.

Jésus
En hébreu, ce prénom veut dire « Dieu sauve ».

Très-Haut
C'est une manière d'appeler Dieu.

Femme stérile
Qui ne peut pas avoir d'enfant.

Retourne page 15 pour poursuivre la messe.

24-25
décembre
2023

Nuit du dimanche 24 décembre au 25 décembre 2023

Messe de la nuit de Noël

Cette nuit, une grande nouvelle résonne
pour tous les hommes : Jésus est né.
Ce tout petit enfant, c'est le Fils de Dieu.
Il est Dieu et il vient pour nous.
Alors, cette nuit, c'est la fête !

Première lecture Lecture du livre d'Isaïe Is 9,1-6

Il y a deux mille sept cents ans, tout allait mal pour les gens d'Israël. Mais un nouveau roi allait naître. La paix pouvait revenir !

Le peuple qui marchait dans les ténèbres a vu se lever une grande lumière ; et sur les habitants du pays de l'ombre, une lumière a resplendi. Tu as prodigué la joie, tu as fait grandir l'allégresse : ils se réjouissent devant toi, comme on se réjouit de la moisson, comme on exulte au partage du **butin**. Car le **joug** qui pesait sur lui, la barre qui meurtrissait son épaule, le bâton du tyran, tu les as brisés comme au jour de **Madiane**. Et les bottes qui frappaient le sol, et les manteaux couverts de sang, les voilà tous brûlés : le feu les a dévorés. Oui, un enfant nous est né, un fils nous a été donné ! Sur son épaule est le signe du pouvoir ; son nom est proclamé : « Conseiller-merveilleux, Dieu-Fort, Père-à-jamais, Prince-de-la-Paix. » Et le pouvoir s'étendra, et la paix sera sans fin pour le trône de David et pour son règne qu'il établira, qu'il affermira sur le droit et la justice dès maintenant et pour toujours. Il fera cela, l'amour jaloux du Seigneur de l'univers !

Psaume Ps 95

Aujourd'hui, un Sauveur nous est né
c'est le Christ, le Seigneur.

Chantez au Seigneur un chant nouveau,
chantez au Seigneur, terre entière,
chantez au Seigneur et bénissez son nom !

De jour en jour, proclamez son salut,
racontez à tous les peuples sa gloire,
à toutes les nations ses merveilles !

Joie au ciel ! Exulte la terre !
Les masses de la mer mugissent,
la campagne tout entière est en fête.

Les arbres des forêts dansent de joie
devant la face du Seigneur, car il vient,
car il vient pour juger la terre.

Il jugera le monde avec justice,
Et les peuples selon sa vérité !

Deuxième lecture — Lecture de la lettre de saint Paul apôtre à Tite

Tt 2,11-14

Le plus beau cadeau de Dieu est de nous donner son Fils. Sa venue nous fait vivre autrement. Finies les vieilles habitudes !

Bien-aimé, la grâce de Dieu s'est manifestée pour le salut de tous les hommes. Elle nous apprend à renoncer à l'impiété et aux convoitises de ce monde, et à vivre dans le temps présent de manière raisonnable, avec justice et piété, attendant que se réalise la bienheureuse espérance : la manifestation de la gloire de notre grand Dieu et Sauveur, Jésus Christ. Car il s'est donné pour nous afin de nous racheter de toutes nos fautes, et de nous purifier pour faire de nous son peuple, un peuple ardent à faire le bien.

Évangile — Évangile de Jésus Christ selon saint Luc

Lc 2,1-14

Le Fils de Dieu vient sur terre d'une drôle de manière. Jésus naît dans la paille et sa naissance est annoncée aux plus pauvres d'entre tous, les bergers.

En ces jours-là, parut un édit de l'empereur Auguste, ordonnant de **recenser** toute la terre – ce premier recensement eut lieu lorsque Quirinius était gouverneur de Syrie. Et tous allaient se faire recenser, chacun dans sa ville d'origine. Joseph, lui aussi, monta de Galilée, depuis la ville de Nazareth, vers la Judée, jusqu'à la ville de David appelée Bethléem. Il était en effet de la maison et de la lignée de David. Il venait se faire recenser avec Marie, qui lui avait été accordée en mariage et qui était enceinte. Or, pendant qu'ils étaient là, le temps où elle devait enfanter fut accompli. Et elle mit au monde son fils premier-né ; elle l'**emmaillota** et le coucha dans une mangeoire, car il n'y avait pas de place pour eux dans la salle commune. Dans la même région, il y avait des bergers qui vivaient dehors et passaient la nuit dans les champs pour garder leurs troupeaux. L'ange du Seigneur se présenta devant eux, et la gloire du Seigneur les enveloppa de sa lumière. Ils furent saisis d'une grande crainte. Alors l'ange leur dit : « Ne craignez pas, car voici que je vous annonce une bonne nouvelle, qui sera une grande joie pour tout le peuple : Aujourd'hui, dans la ville de David, vous est né un **Sauveur** qui est le **Christ**, le Seigneur. Et voici le signe qui vous est donné : vous trouverez un nouveau-né emmailloté et couché dans une mangeoire. » Et soudain, il y eut avec l'ange une troupe céleste innombrable, qui louait Dieu en disant : « Gloire à Dieu au plus haut des cieux, et paix sur la terre aux hommes, qu'Il aime. »

Les mots de la Bible

Butin
Ce qu'on enlève aux ennemis vaincus sur le champ de bataille (armes, vêtements, argent…).

Joug
Poutre que l'on pose derrière les cornes des bœufs. On y attache des lanières reliées à une charrette que les bœufs tirent.

Madiane
C'était un peuple ennemi du peuple d'Israël. Il vécut il y a plus de trois mille ans.

Recenser
Dresser une liste. Ici, c'est compter les habitants de Nazareth, de Bethléem, de Galilée et de Judée (regarde la carte page 310).

Emmailloter
Autrefois, on enveloppait les nouveau-nés dans des carrés de tissu pour les tenir au chaud et bien serrés.

Sauveur
Dans la Bible, les croyants appellent Dieu le Sauveur. Car, pour eux, Dieu les fait vivre avec lui et les sauve du mal. Quand l'ange dit aux bergers : « Un Sauveur est né », il annonce que cet enfant est Dieu lui-même. Jésus vient nous offrir la vie avec Dieu. En hébreu, le nom Jésus veut dire « le Seigneur sauve ».

Christ
Dans la Bible, c'est le roi qui a reçu sur la tête l'huile parfumée pour être au service de Dieu. Les juifs attendaient un « Christ », un vrai roi envoyé par Dieu. Pour les chrétiens, Jésus est le Christ.

Retourne page 15 pour poursuivre la messe.

31
décembre
2023

Fête de la Sainte Famille

Aujourd'hui, nous fêtons la Sainte Famille : Marie, Joseph et Jésus. Ce n'était pas une famille tranquille, mais l'amour de Dieu était avec eux, même au milieu des tempêtes de leur vie.

Première lecture

Lecture du livre de la Genèse

Gn 15,1-6 ; 21,1-3

Abraham, le premier croyant, fait penser à Marie, la mère de Jésus. Dieu lui a promis un enfant et il l'a cru.

En ces jours-là, la parole du Seigneur fut adressée à Abram dans une vision : « Ne crains pas, Abram ! Je suis un bouclier pour toi. Ta récompense sera très grande. » Abram répondit : « Mon Seigneur Dieu, que pourrais-tu donc me donner ? Je m'en vais sans enfant, et l'héritier de ma maison, c'est Éliézer de Damas. » Abram dit encore : « Tu ne m'as pas donné de descendance, et c'est un de mes serviteurs qui sera mon héritier. » Alors cette parole du Seigneur fut adressée à Abram : « Ce n'est pas lui qui sera ton héritier, mais quelqu'un de ton sang. » Puis il le fit sortir et lui dit : « Regarde le ciel, et compte les étoiles, si tu le peux… » Et il déclara : « Telle sera ta descendance ! » Abram eut foi dans le Seigneur et le Seigneur estima qu'il était juste. Le Seigneur visita Sara comme il l'avait annoncé ; il agit pour elle comme il l'avait dit. Elle devint enceinte, et elle enfanta un fils pour Abraham dans sa vieillesse, à la date que Dieu avait fixée. Et Abraham donna un nom au fils que Sara lui avait enfanté : il l'appela Isaac.

Psaume

Ps 104

**Le Seigneur, c'est lui notre Dieu ;
il s'est toujours souvenu de son alliance.**

Rendez grâce au Seigneur,
proclamez son nom, annoncez parmi les peuples ses hauts faits ;
chantez et jouez pour lui,
redites sans fin ses merveilles.

Glorifiez-vous de son nom très saint :
joie pour les cœurs qui cherchent Dieu !
Cherchez le Seigneur et sa puissance,
recherchez sans trêve sa face.

Souvenez-vous des merveilles qu'il a faites,
de ses prodiges, des jugements qu'il prononça,
vous la race d'Abraham son serviteur,
les fils de Jacob, qu'il a choisis.

Il s'est toujours souvenu de son alliance,
parole édictée pour mille générations :
promesse faite à Abraham,
garantie par serment à Isaac.

Deuxième lecture — Lecture de la lettre aux Hébreux

He 11,8.11-12.17-19

**Isaac, le fils d'Abraham, fait penser à Jésus.
Il est le fils unique de son père et Dieu le rend à la vie.**

Frères, grâce à la foi, Abraham obéit à l'appel de Dieu : il partit vers un pays qu'il devait recevoir en héritage, et il partit sans savoir où il allait. Grâce à la foi, **Sara**, elle aussi, malgré son âge, fut rendue capable d'être à l'origine d'une descendance parce qu'elle pensait que Dieu est fidèle à ses promesses. C'est pourquoi, d'un seul homme, déjà marqué par la mort, a pu naître une descendance aussi nombreuse que les étoiles du ciel et que le sable au bord de la mer, une multitude innombrable. Grâce à la foi, quand il fut soumis à l'épreuve, Abraham offrit Isaac en sacrifice. Et il offrait le fils unique, alors qu'il avait reçu les promesses et entendu cette parole : *C'est par Isaac qu'une descendance portera ton nom.* Il pensait en effet que Dieu est capable même de ressusciter les morts ; c'est pourquoi son fils lui fut rendu : il y a là une **préfiguration**.

Évangile — Évangile de Jésus Christ selon saint Luc

Lc 2,22-40

Quand Jésus n'avait que 40 jours, Marie et Joseph l'ont emmené au temple de Jérusalem. Et, déjà, ce tout petit bébé était le signe de la tendresse de Dieu pour les hommes !

Quand fut accompli le temps prescrit par la **loi de Moïse** pour la **purification**, **les parents de Jésus** l'amenèrent à Jérusalem pour le présenter au Seigneur, selon ce qui est écrit dans la Loi : *Tout premier-né de sexe masculin sera consacré au Seigneur.* Ils venaient aussi offrir le sacrifice prescrit par la loi du Seigneur : *un couple de tourterelles ou deux petites colombes.* Or, il y avait à Jérusalem un homme appelé Syméon. C'était un homme juste et religieux, qui attendait la **Consolation d'Israël**, et l'Esprit

Saint était sur lui. Il avait reçu de l'Esprit Saint l'annonce qu'il ne verrait pas la mort avant d'avoir vu le Christ, le Messie du Seigneur. **Sous l'action de l'Esprit**, Syméon vint au Temple. Au moment où les parents présentaient l'enfant Jésus pour se conformer au rite de la Loi qui le concernait, Syméon reçut l'enfant dans ses bras, et il bénit Dieu en disant : « Maintenant, ô Maître souverain, tu peux laisser ton serviteur s'en aller en paix, selon ta parole. Car mes yeux ont vu le salut que tu préparais à la face des peuples : lumière qui se révèle aux **nations** et donne gloire à ton peuple Israël. » Le père et la mère de l'enfant s'étonnaient de ce qui était dit de lui. Syméon les bénit, puis il dit à Marie sa mère : « Voici que cet enfant provoquera la chute et le relèvement de beaucoup en Israël. Il sera un signe de contradiction – et toi, ton âme sera traversée d'un glaive – : ainsi seront dévoilées les pensées qui viennent du cœur d'un grand nombre. » Il y avait aussi une femme prophète, Anne, fille de Phanuel, de la tribu d'Aser. Elle était très avancée en âge ; après sept ans de mariage, demeurée veuve, elle était arrivée à l'âge de 84 ans. Elle ne s'éloignait pas du Temple, servant Dieu jour et nuit dans le jeûne et la prière. Survenant à cette heure même, elle proclamait les louanges de Dieu et parlait de l'enfant à tous ceux qui attendaient la délivrance de Jérusalem. Lorsqu'ils eurent achevé tout ce que prescrivait la loi du Seigneur, ils retournèrent en Galilée, dans leur ville de Nazareth. L'enfant, lui, grandissait et se fortifiait, rempli de sagesse, et la grâce de Dieu était sur lui.

Les mots de la Bible

Sara
C'est la femme d'Abraham.

Préfiguration
Annonce par avance.

Loi de Moïse
Ensemble des commandements que Moïse a reçus de Dieu. La purification en fait partie.

Purification
C'est une cérémonie que devait accomplir chaque mère après l'accouchement. Elle avait lieu au temple de Jérusalem.

Les parents de Jésus
Jésus est Fils de Dieu mais il a eu aussi des parents sur terre qui l'ont élevé dans leur village, à Nazareth. Ce sont Marie et Joseph. Les premiers, ils lui ont appris les commandements de Dieu. Ils l'ont élevé avec amour, sans toujours comprendre qui était vraiment cet enfant. Ils allaient de surprise en surprise mais ils faisaient confiance à Dieu.

Consolation
Elle supprime la tristesse. La Consolation d'Israël, c'est l'envoyé de Dieu que beaucoup de juifs attendaient pour faire régner la paix et la justice.

Sous l'action de l'Esprit
Inspiré par Dieu.

Nations
Ce sont tous les peuples qui ne sont pas de religion juive.

Retourne page 15 pour poursuivre la messe.

7
janvier
2024

Épiphanie du Seigneur

« Épiphanie », c'est un mot grec qui veut dire « montrer ». La fête de l'Épiphanie montre que Jésus vient pour tous les hommes de la terre, pas seulement pour les bergers de Bethléem !

Première lecture — Lecture du livre d'Isaïe

Is 60,1-6

Il y a deux mille cinq cents ans, le prophète Isaïe annonçait que tous les peuples se tourneraient vers Dieu. C'est arrivé, avec les mages.

Debout, Jérusalem, resplendis ! Elle est venue, ta lumière, et la gloire du Seigneur s'est levée sur toi. Voici que les ténèbres couvrent la terre, et la nuée obscure couvre les peuples. Mais sur toi se lève le Seigneur, sur toi sa gloire apparaît. Les nations marcheront vers ta lumière, et les rois, vers la clarté de ton aurore. Lève les yeux alentour, et regarde : tous, ils se rassemblent, ils viennent vers toi ; tes fils reviennent de loin, et tes filles sont portées sur la hanche. Alors tu verras, tu seras radieuse, ton cœur frémira et se dilatera. Les trésors d'au-delà des mers afflueront vers toi, vers toi viendront les richesses des nations. En grand nombre, des chameaux t'envahiront, de jeunes chameaux de **Madiane** et d'**Épha**. Tous les gens de **Saba** viendront, apportant l'or et l'**encens** ; ils annonceront les exploits du Seigneur.

Psaume

Ps 71

Toutes les nations, Seigneur, se prosterneront devant toi.

Dieu, donne au roi tes pouvoirs,
à ce fils de roi ta justice.
Qu'il gouverne ton peuple avec justice,
qu'il fasse droit aux malheureux !

En ces jours-là, fleurira la justice,
grande paix jusqu'à la fin des lunes !
Qu'il domine de la mer à la mer,
et du Fleuve jusqu'au bout de la terre !

Les rois de Tarsis et des Îles apporteront des présents,
les rois de Saba et de Seba feront leur offrande.
Tous les rois se prosterneront devant lui,
tous les pays le serviront.

Il délivrera le pauvre qui appelle
et le malheureux sans recours.
Il aura souci du faible et du pauvre,
du pauvre dont il sauve la vie.

Deuxième lecture — Lecture de la lettre de saint Paul apôtre aux Éphésiens

Ep 3,2-3a.5-6

Paul a compris quelque chose de très important qui concerne le monde entier. Il l'annonce avec force.

Frères, vous avez appris, je pense, en quoi consiste la grâce que Dieu m'a donnée pour vous : par **révélation**, il m'a fait connaître le mystère. Ce mystère n'avait pas été porté à la connaissance des hommes des générations passées, comme il a été révélé maintenant à ses saints apôtres et aux prophètes, dans l'Esprit. Ce mystère, c'est que toutes les **nations** sont associées au même héritage, au même corps, au partage de la même promesse, dans le Christ Jésus, par l'annonce de l'Évangile.

Évangile — Évangile de Jésus Christ selon saint Matthieu

Mt 2,1-12

Des étrangers cherchent Jésus.
Ils ne le connaissent pas mais ils ont des cadeaux pour lui.
Sa naissance est un grand événement pour eux aussi.

Jésus était né à Bethléem en Judée, au temps du roi Hérode le Grand. Or, voici que des mages venus d'Orient arrivèrent à Jérusalem et demandèrent : « Où est le roi des Juifs qui vient de naître ? Nous avons vu son **étoile** à l'orient et nous sommes venus nous prosterner devant lui. » En apprenant cela, le roi **Hérode** fut bouleversé, et tout Jérusalem avec lui. Il réunit tous les grands prêtres et les scribes du peuple, pour leur demander où devait naître le Christ. Ils lui répondirent : « À Bethléem en Judée, car voici ce qui est écrit par le prophète : *Et toi, Bethléem, terre de Juda, tu n'es certes pas le dernier parmi les chefs-lieux de Juda, car de toi sortira un chef, qui sera le berger de mon peuple Israël.* » Alors Hérode convoqua les mages en secret pour leur faire préciser à quelle date l'étoile était apparue ; puis il les envoya à Bethléem, en leur disant : « Allez vous renseigner avec précision sur l'enfant. Et quand vous l'aurez trouvé, venez me l'annoncer pour que j'aille, moi aussi, me **prosterner** devant lui. » Après avoir entendu le roi, ils partirent. Et voici que l'étoile qu'ils avaient vue à l'orient les précédait, jusqu'à ce qu'elle vienne s'arrêter au-dessus de l'endroit où se trouvait l'enfant. Quand ils virent l'étoile, ils se réjouirent d'une très grande joie.

Ils entrèrent dans la maison, ils virent l'enfant avec Marie sa mère ; et, tombant à ses pieds, ils se prosternèrent devant lui. Ils ouvrirent leurs coffrets, et lui offrirent leurs présents : de l'or, de l'encens et de la **myrrhe**. Mais, avertis en songe de ne pas retourner chez Hérode, ils regagnèrent leur pays par un autre chemin.

Les mots de la Bible

Madiane, Épha, Saba
Ce sont des tribus qui se trouvaient dans le sud de l'Arabie.

Encens
Parfum fait avec de la résine. On en fait parfois brûler dans les églises. La fumée qui monte est le signe de la prière des croyants qui monte vers Dieu.

Révélation
Quand un secret devient soudain connu, c'est une révélation.

Nations
Ce sont tous les peuples qui ne sont pas de religion juive.

Étoile
En Orient, l'étoile était le signe des dieux et des rois. Là-bas, quand un personnage très important venait de naître, on disait que son étoile apparaissait dans le ciel. Les Mages qui venaient d'Orient observaient le ciel. Quand ils ont vu apparaître l'étoile, ils se sont mis en route jusqu'à Jésus. Ils ont découvert que la véritable étoile qui guide les hommes, c'est lui.

Hérode
C'était un roi sanguinaire de Judée nommé par les Romains.

Se prosterner
C'est s'incliner très bas en signe de respect.

Myrrhe
Poudre parfumée que l'on mélangeait avec de l'huile et que l'on mettait sur le corps des morts.

Retourne page 15 pour poursuivre la messe.

14 janvier 2024

2e dimanche du temps ordinaire

Comme à un ami, Jésus nous dit : « Viens, vois, et reste avec moi. » Et chacun décide de venir ou non. Dans tous les cas, tous ceux qui ont fait le premier pas ne le regrettent pas !

Première lecture

Lecture du premier livre de Samuel

1 S 3,3b-10.19

**Elle est si forte, la Parole de Dieu !
Le jeune Samuel ne lui a pas résisté !**

En ces jours-là, le jeune **Samuel** était couché dans le temple du Seigneur à Silo, où se trouvait l'**arche de Dieu**. Le Seigneur appela Samuel, qui répondit : « Me voici ! » Il courut vers le prêtre Éli, et il dit : « Tu m'as appelé, me voici. » Éli répondit : « Je n'ai pas appelé. Retourne te coucher. » L'enfant alla se coucher. De nouveau, le Seigneur appela Samuel. Et Samuel se leva. Il alla auprès d'Éli, et il dit : « Tu m'as appelé, me voici. » Éli répondit : « Je n'ai pas appelé, mon fils. Retourne te coucher. » Samuel ne connaissait pas encore le Seigneur, et la parole du Seigneur ne lui avait pas encore été révélée. De nouveau, le Seigneur appela Samuel. Celui-ci se leva. Il alla auprès d'Éli, et il dit : « Tu m'as appelé, me voici. » Alors Éli comprit que c'était le Seigneur qui appelait l'enfant, et il lui dit : « Va te recoucher, et s'il t'appelle, tu diras : "Parle, Seigneur, ton serviteur écoute." » Samuel alla se recoucher à sa place habituelle. Le Seigneur vint, il se tenait là et il appela comme les autres fois : « Samuel ! Samuel ! » Et Samuel répondit : « Parle, ton serviteur écoute. » Samuel grandit. Le Seigneur était avec lui, et il ne laissa aucune de ses paroles sans effet.

Psaume

Ps 39

**Me voici, Seigneur,
je viens faire ta volonté.**

D'un grand espoir, j'espérais le Seigneur :
il s'est penché sur moi.
Dans ma bouche il a mis un chant nouveau,
une louange à notre Dieu.

Tu ne voulais ni offrande ni sacrifice,
tu as ouvert mes oreilles ;
tu ne demandais ni holocauste ni victime,
alors j'ai dit : « Voici, je viens. »

« Dans le livre, est écrit pour moi
ce que tu veux que je fasse.
Mon Dieu, voilà ce que j'aime :
ta loi me tient aux entrailles. »

Vois, je ne retiens pas mes lèvres,
Seigneur, tu le sais.
J'ai dit ton amour et ta vérité
à la grande assemblée.

Deuxième lecture — Lecture de la première lettre de saint Paul apôtre aux Corinthiens

1 Co 6,13c-15a.17-20

Des chrétiens de Corinthe vivaient n'importe comment en ayant plusieurs femmes. Saint Paul leur rappelle que le corps est le temple de l'Esprit Saint.

Frères, le corps n'est pas pour la **débauche**, il est pour le Seigneur, et le Seigneur est pour le corps ; et Dieu, par sa puissance, a ressuscité le Seigneur et nous ressuscitera nous aussi. Ne le savez-vous pas ? Vos corps sont les membres du Christ. Celui qui s'unit au Seigneur ne fait avec lui qu'un seul esprit. Fuyez la débauche. Tous les péchés que l'homme peut commettre sont extérieurs à son corps ; mais l'homme qui se livre à la débauche commet un péché contre son propre corps. Ne le savez-vous pas ? Votre corps est un sanctuaire de l'Esprit Saint, lui qui est en vous et que vous avez reçu de Dieu ; vous ne vous appartenez plus à vous-mêmes, car vous avez été achetés à grand prix. Rendez donc gloire à Dieu dans votre corps.

Évangile — Évangile de Jésus Christ selon saint Jean

Jn 1,35-42

Comment connaissons-nous Jésus ? Parce que quelqu'un nous a parlé de lui. Les premiers disciples aussi se sont passé le message. Et le message est arrivé jusqu'à nous.

En ce temps-là, Jean le Baptiste se trouvait avec deux de ses disciples. Posant son regard sur Jésus qui allait et venait, il dit : « Voici l'**Agneau de Dieu**. »

Les deux disciples entendirent ce qu'il disait, et **ils suivirent Jésus**. Se retournant, Jésus vit qu'ils le suivaient, et leur dit : « Que cherchez-vous ? » Ils lui répondirent : « Rabbi – ce qui veut dire : Maître –, où demeures-tu ? » Il leur dit : « Venez, et vous verrez. » Ils allèrent donc, ils virent où il demeurait, et ils restèrent auprès de lui ce jour-là. C'était vers la dixième heure (environ quatre heures de l'après-midi). André, le frère de Simon-Pierre, était l'un des deux disciples qui avaient entendu la parole de Jean et qui avaient suivi Jésus. Il trouve d'abord Simon, son propre frère, et lui dit : « Nous avons trouvé le **Messie** » – ce qui veut dire : **Christ**. André amena son frère à Jésus. Jésus posa son regard sur lui et dit : « Tu es Simon, fils de Jean ; tu t'appelleras Kèphas » – ce qui veut dire : Pierre.

Les mots de la Bible

Samuel
Il vécut il y a environ trois mille ans. C'était un prophète qui parlait au nom de Dieu ; Samuel aida le peuple d'Israël à choisir les rois Saül et David.

Arche de Dieu
Coffret en bois qui contenait la loi que Dieu avait donnée au peuple d'Israël.

Débauche
C'est ce qui salit quelque chose ou quelqu'un. Ici, c'est une pensée, une parole ou un geste qui abîme l'autre ou soi-même.

Agneau de Dieu
Dans l'Ancien Testament, le peuple juif tuait un agneau pour remercier Dieu de leur avoir sauvé la vie. Ici, l'agneau représente Jésus sacrifié pour sauver la vie des hommes.

Ils suivirent Jésus
Beaucoup d'hommes et de femmes suivaient Jésus partout où il allait ; ils devenaient ses disciples et essayaient de vivre d'une manière nouvelle, comme il le demandait. Jésus leur a transmis ses paroles. Ils l'admiraient. Jésus était leur maître ; il est le nôtre aussi.

Messie ou Christ
Dans la Bible, c'est le roi qui a reçu sur la tête l'huile parfumée pour être au service de Dieu. Les juifs attendaient un « Christ », un vrai roi envoyé par Dieu. Pour les chrétiens, Jésus est le Christ.

Retourne page 15 pour poursuivre la messe.

21 janvier 2024

3e dimanche du temps ordinaire

C'est passionnant de découvrir petit à petit qui est Jésus. Plus on en apprend sur lui, plus on brûle d'impatience de le suivre et de le dire aux autres !

Première lecture

Lecture du livre de Jonas

Jon 3,1-5.10

Jonas prévient les habitants de Ninive : ils ont intérêt à changer de vie, sinon Dieu va se fâcher !

La parole du Seigneur fut adressée de nouveau à Jonas : « Lève-toi, va à **Ninive**, la grande ville païenne, proclame le message que je te donne sur elle. » Jonas se leva et partit pour Ninive, selon la parole du Seigneur. Or, Ninive était une ville extraordinairement grande : il fallait trois jours pour la traverser. Jonas la parcourut une journée à peine en proclamant : « Encore quarante jours, et Ninive sera détruite ! » Aussitôt, les gens de Ninive crurent en Dieu. Ils annoncèrent un **jeûne**, et tous, du plus grand au plus petit, se vêtirent de toile à sac. En voyant leur réaction, et comment ils se détournaient de leur conduite mauvaise, Dieu renonça au **châtiment** dont il les avait menacés.

Psaume

Ps 24

Seigneur, enseigne-moi tes chemins.

Seigneur, enseigne-moi tes voies,
fais-moi connaître ta route.
Dirige-moi par ta vérité, enseigne-moi,
car tu es le Dieu qui me sauve.

Rappelle-toi, Seigneur, ta tendresse,
ton amour qui est de toujours.
Dans ton amour, ne m'oublie pas,
en raison de ta bonté, Seigneur.

Il est droit, il est bon, le Seigneur,
lui qui montre aux pécheurs le chemin.
Sa justice dirige les humbles,
il enseigne aux humbles son chemin.

Deuxième lecture

Lecture de la première lettre de saint Paul apôtre aux Corinthiens

1 Co 7,29-31

Notre vie est faite d'événements heureux et malheureux. Alors, la meilleure façon de vivre, c'est de se laisser guider par Dieu.

Frères, je dois vous le dire : le temps est limité. Dès lors, que ceux qui ont une femme soient comme s'ils n'avaient pas de femme, ceux qui pleurent, comme s'ils ne pleuraient pas, ceux qui ont de la joie, comme s'ils n'en avaient pas, ceux qui font des achats, comme s'ils ne possédaient rien, ceux qui profitent de ce monde, comme s'ils n'en profitaient pas vraiment. Car il passe, ce monde tel que nous le voyons.

Évangile

Évangile de Jésus Christ selon saint Marc

Mc 1,14-20

Avec Jésus, tout se passe très vite. Une parole, et des inconnus laissent ce qu'ils étaient en train de faire. Ils le suivent. Il doit être vraiment extraordinaire !

Après l'arrestation de Jean le Baptiste, Jésus partit pour la Galilée proclamer l'Évangile de Dieu ; il disait : « Les temps sont **accomplis** : le **règne de Dieu** est tout proche. **Convertissez-vous** et croyez à l'Évangile. » Passant le long de la mer de Galilée, Jésus vit **Simon** et **André**, le frère de Simon, en train de jeter les filets dans la mer, car c'étaient des pêcheurs. Il leur dit : « Venez à ma suite. Je vous ferai devenir pêcheurs d'hommes. » Aussitôt, laissant leurs filets, ils le suivirent. Jésus avança un peu et il vit Jacques, fils de Zébédée, et son frère Jean, qui étaient dans la barque et réparaient les filets. Aussitôt, Jésus les appela. Alors, laissant dans la barque leur père Zébédée avec ses ouvriers, ils partirent à sa suite.

Les mots de la Bible

Ninive
Capitale de l'Assyrie, un pays proche d'Israël. Elle se situe aujourd'hui en Irak.

Jeûne
Privation de nourriture.

Châtiment
Punition.

Accomplir
Faire complètement, réaliser jusqu'au bout.

Règne de Dieu
Ce n'est pas un endroit, mais la vie avec Dieu que Jésus nous apprend à découvrir. C'est un monde nouveau qui s'annonce.

Se convertir
Ce verbe veut dire « se tourner vers ». Quand une personne se convertit, elle se tourne vers Dieu.

Simon et André
Simon et André sont pêcheurs. Ils travaillent sur le lac de Tibériade. L'eau est mystérieuse pour les habitants du coin. On peut s'y noyer. C'est le lieu de la mort. Jésus, lui, demande à ses nouveaux amis d'être des pêcheurs d'hommes. Avec lui, ils sauveront les hommes du mal et de la mort.

Retourne page 15 pour poursuivre la messe.

28 janvier 2024

4e dimanche du temps ordinaire

Aujourd'hui, crions de joie pour le Seigneur.
Il nous a donné son fils Jésus pour nous enseigner son amour.
Grâce à lui, nous chassons tous nos soucis
et gardons un cœur ouvert et disponible.

Première lecture

Lecture du livre du Deutéronome

Dt 18,15-20

Moïse annonce à son peuple une grande nouvelle : Dieu va envoyer un nouveau prophète pour parler en son nom. À nous de l'écouter !

Moïse disait au peuple : « Au milieu de vous, parmi vos frères, le Seigneur votre Dieu fera se lever un **prophète** comme moi, et vous l'écouterez. C'est bien ce que vous avez demandé au Seigneur votre Dieu, au **mont Horeb**, le jour de l'assemblée, quand vous disiez : "Je ne veux plus entendre la voix du Seigneur mon Dieu, je ne veux plus voir cette grande flamme, je ne veux pas mourir !" Et le Seigneur me dit alors : "Ils ont bien fait de dire cela. Je ferai se lever au milieu de leurs frères un prophète comme toi ; je mettrai dans sa bouche mes paroles, et il leur dira tout ce que je lui prescrirai. Si quelqu'un n'écoute pas les paroles que ce prophète prononcera en mon nom, moi-même je lui en demanderai compte. Mais un prophète qui aurait la **présomption** de dire en mon nom une parole que je ne lui aurais pas prescrite, ou qui parlerait au nom d'autres dieux, ce prophète-là mourra." »

Psaume

Ps 94

Aujourd'hui, ne fermez pas votre cœur,
mais écoutez la voix du Seigneur.

Venez, crions de joie pour le Seigneur,
acclamons notre Rocher, notre salut !
Allons jusqu'à lui en rendant grâce,
par nos hymnes de fête acclamons-le !

Entrez, inclinez-vous, prosternez-vous,
adorons le Seigneur qui nous a faits.
Oui, il est notre Dieu ;
nous sommes le peuple qu'il conduit,
le troupeau guidé par sa main.

Aujourd'hui écouterez-vous sa parole ?
« Ne fermez pas votre cœur comme au désert,
comme au jour de tentation et de défi,
où vos pères m'ont tenté et provoqué,
et pourtant ils avaient vu mon exploit. »

Deuxième lecture — Lecture de la première lettre de saint Paul apôtre aux Corinthiens 1 Co 7,32-35

Paul rappelle aux chrétiens de la ville de Corinthe de toujours donner à Dieu la première place.

Frères, j'aimerais vous voir libres de tout souci. Celui qui n'est pas marié a le souci des affaires du Seigneur, il cherche comment plaire au Seigneur. Celui qui est marié a le souci des affaires de ce monde, il cherche comment plaire à sa femme, et il se trouve divisé. La femme sans mari, ou celle qui reste vierge, a le souci des affaires du Seigneur, afin d'être sanctifiée dans son corps et son esprit. Celle qui est mariée a le souci des affaires de ce monde, elle cherche comment plaire à son mari. C'est dans votre intérêt que je dis cela ; ce n'est pas pour vous tendre un piège, mais pour vous proposer ce qui est bien, afin que vous soyez attachés au Seigneur sans partage.

Évangile — Évangile de Jésus Christ selon saint Marc Mc 1,21-28

Jésus parle au nom de Dieu. Alors, lorsqu'il enseigne dans la synagogue de Capharnaüm, tout le monde l'écoute, même les esprits impurs reconnaissent sa sagesse.

Jésus et ses disciples entrèrent à **Capharnaüm**. Aussitôt, le jour du **sabbat**, il se rendit à la synagogue, et là, il enseignait. On était frappé par son enseignement, car il enseignait en homme qui a autorité, et non pas comme les scribes. Or, il y avait dans leur synagogue un homme tourmenté par un **esprit impur**, qui se mit à crier : « Que nous veux-tu, Jésus de Nazareth ? Es-tu venu pour nous perdre ? Je sais qui tu es : tu es le Saint de Dieu. » Jésus l'interpella vivement : « Tais-toi ! Sors de cet homme. » L'esprit impur le fit entrer en **convulsions**, puis, poussant un grand cri, sortit de lui. Ils furent tous frappés de **stupeur** et se demandaient entre eux : « Qu'est-ce que cela veut dire ? Voilà un enseignement nouveau, donné avec autorité ! Il commande même aux esprits impurs, et ils lui obéissent. » Sa renommée se répandit aussitôt partout, dans toute la région de la Galilée.

Les mots de la Bible

Prophète
Homme inspiré par l'Esprit de Dieu et qui parle en son nom.

Mont Horeb
On l'appelle aussi Sinaï.
Sur cette montagne, Dieu a donné les Tables de la Loi à Moïse.
Là, Dieu a fait alliance avec le peuple d'Israël.

Présomption
Orgueil. Ici, le fait de dire une parole de soi-même et non de la part de Dieu.

Capharnaüm
C'est un village de pêcheurs au bord du lac de Tibériade (regarde la carte page 309).

Sabbat
Jour que les juifs réservent à Dieu, le samedi.
C'est leur jour de repos.

Esprit impur
Forces du mal qui agissent en nous.

Convulsion
Contraction des muscles de manière involontaire.

Stupeur
Étonnement extrême.

Retourne page 15 pour poursuivre la messe.

4
février
2024

5e dimanche du temps ordinaire

Pourquoi Jésus est-il venu parmi nous ?
Parce qu'il veut que nous soyons heureux, avec lui, avec Dieu.
Cette nouvelle-là peut nous tirer loin
de la tristesse et du malheur !

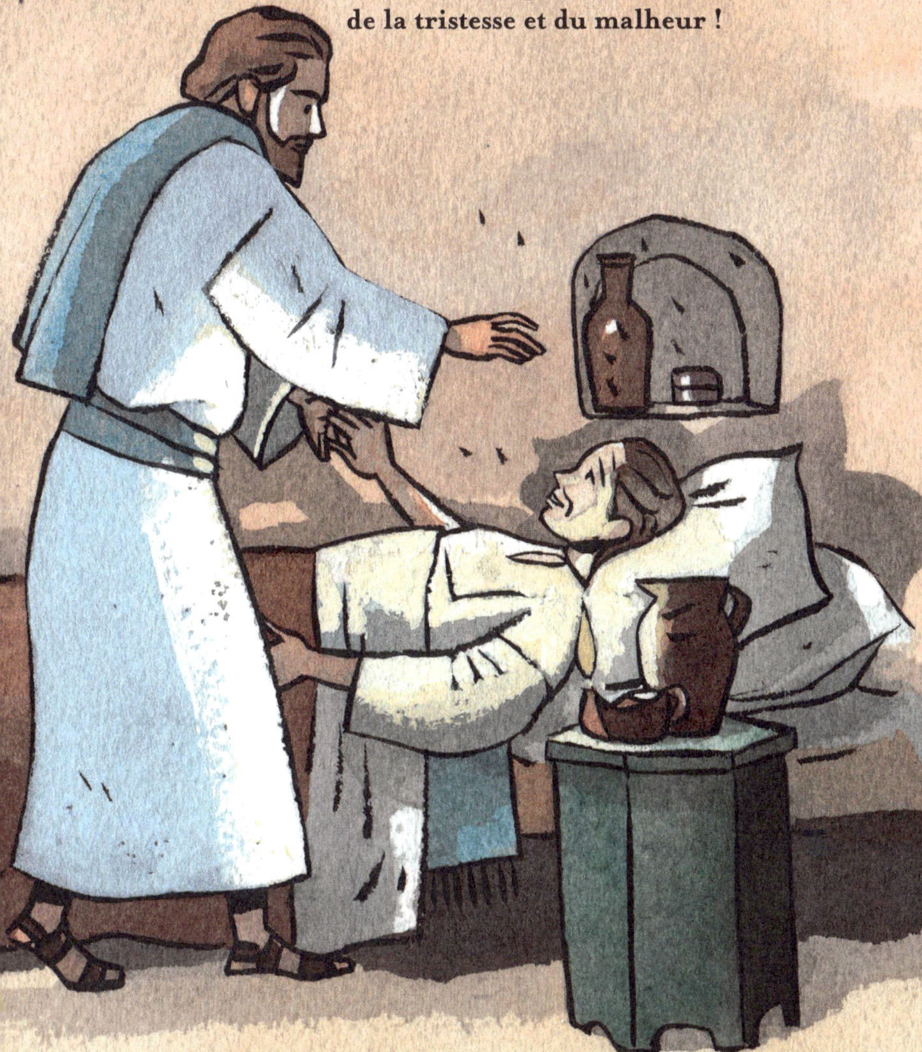

Première lecture — Lecture du livre de Job

Jb 7,1-4.6-7

Job est malheureux. Il était riche, il n'a plus rien. Il allait bien, il est malade. Il crie vers Dieu.

Job prit la parole et dit : « Vraiment, la vie de l'homme sur la terre est une corvée, il fait des journées de **manœuvre**. Comme l'esclave qui désire un peu d'ombre, comme le manœuvre qui attend sa paye, depuis des mois je n'ai en partage que le **néant**, je ne compte que des nuits de souffrance. À peine couché, je me dis : "Quand pourrai-je me lever ?" Le soir n'en finit pas : je suis envahi de cauchemars jusqu'à l'aube. Mes jours sont plus rapides que la **navette** du tisserand, ils s'achèvent faute de fil. Souviens-toi, Seigneur : ma vie n'est qu'un souffle, mes yeux ne verront plus le bonheur. »

Psaume

Ps 146

Bénissons le Seigneur
qui guérit nos blessures ! ou : Alléluia !

Il est bon de fêter notre Dieu,
il est beau de chanter sa louange :
il guérit les cœurs brisés
et soigne leurs blessures.

Il compte le nombre des étoiles,
il donne à chacun un nom ;
il est grand, il est fort, notre Maître :
nul n'a mesuré son intelligence.

Le Seigneur élève les humbles
et rabaisse jusqu'à terre les impies.
Entonnez pour le Seigneur l'action de grâce,
jouez pour notre Dieu sur la cithare !

Deuxième lecture — Lecture de la première lettre de saint Paul apôtre aux Corinthiens

1 Co 9,16-19.22-23

Paul passe sa vie à parler de Jésus. Il y en a qui en ont assez et qui l'accusent d'en faire trop. Il répond à ces attaques.

Frères, annoncer l'**Évangile**, ce n'est pas là pour moi un motif de fierté, c'est une nécessité qui s'impose à moi. Malheur à moi si je n'annonçais pas l'Évangile ! Certes, si je le fais de moi-même, je mérite une récompense. Mais je ne le fais pas de moi-même, c'est une mission qui m'est confiée. Alors quel est mon mérite ? C'est d'annoncer l'Évangile sans rechercher aucun avantage matériel, et sans faire valoir mes droits de **prédicateur** de l'Évangile. Oui, libre à l'égard de tous, je me suis fait l'esclave de tous afin d'en gagner le plus grand nombre possible. Avec les faibles, j'ai été faible, pour gagner les faibles. Je me suis fait tout à tous pour en sauver à tout prix quelques-uns. Et tout cela, je le fais à cause de l'Évangile, pour y avoir part, moi aussi.

Évangile — Évangile de Jésus Christ selon saint Marc

Mc 1,29-39

Voici le programme d'une journée de Jésus. Il guérit des malades, il prend le temps de prier son Père, mais il ne reste jamais longtemps au même endroit. Le monde a besoin de lui !

En ce temps-là, aussitôt sortis de la **synagogue** de Capharnaüm, Jésus et ses disciples allèrent, avec Jacques et Jean, dans la maison de Simon et d'André. Or, la belle-mère de Simon était au lit, elle avait de la fièvre. Aussitôt, on parla à Jésus de la malade. Jésus s'approcha, la saisit par la main et la fit lever. La **fièvre** la quitta, et elle les servait. Le soir venu, après le coucher du soleil, on lui amenait tous ceux qui étaient atteints d'un mal ou **possédés par des démons**. La ville entière se pressait à la porte. Il guérit beaucoup de gens atteints de toutes sortes de maladies, et il expulsa beaucoup de démons ; il empêchait les démons de parler, parce qu'ils savaient, eux, qui il était. Le lendemain, Jésus se leva, bien avant l'aube. Il sortit et se rendit dans un endroit désert, et là il priait. Simon et ceux qui étaient avec lui partirent à sa recherche. Ils le trouvent et lui disent : « Tout le monde te cherche. » Jésus leur dit : « Allons ailleurs, dans les villages voisins, afin que là aussi je proclame l'Évangile ; car c'est pour cela que je suis sorti. » Et il parcourut toute la Galilée, proclamant l'Évangile dans leurs synagogues, et expulsant les démons.

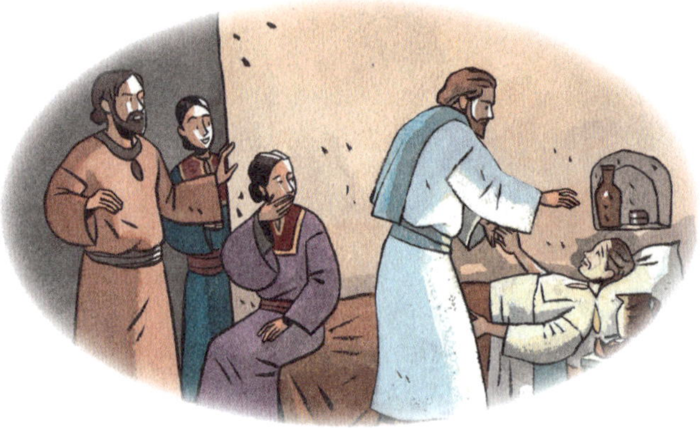

Les mots de la Bible

Manœuvre
Ouvrier qui fait un travail très fatigant.

Néant
Rien.

Navette
Pièce de bois sur laquelle on enroule le fil qui sert à tisser un vêtement.

Évangile
En grec, « évangile » veut dire « bonne nouvelle ». Jésus proclame l'Évangile : il dit que Dieu se soucie de nous, il annonce même qu'il vient au milieu de nous. Il guérit les malades pour montrer que Dieu chasse le mal loin de nous. C'est lui, l'Évangile. Il est là, il prend soin de chacun et s'occupe de tous.

Prédicateur
C'est celui qui parle de la foi à d'autres personnes en faisant un discours. Le prêtre qui explique les lectures est un prédicateur.

Synagogue
Maison de prière des juifs.

Fièvre
À l'époque de Jésus, on pensait que les forces du mal habitaient les personnes qui avaient de la fièvre.

Possédés par des démons
Habités par les forces du mal. Elles peuvent nous détruire.

Retourne page 15 pour poursuivre la messe.

11
février
2024

6e dimanche du temps ordinaire

Dieu s'intéresse à toute notre vie.
Il aime ce qui est beau et bon en nous,
mais aussi ce qui est moins beau et qui a besoin d'être guéri.
Alors, n'ayons pas peur de lui demander son aide.

Première lecture

Lecture du livre des Lévites

Lv 13,1-2.45-46

En nous parlant des lépreux, qui faisaient très peur autrefois, ce texte nous dit que tout homme est imparfait et malade.

Le Seigneur parla à Moïse et à son frère **Aaron**, et leur dit : « Quand un homme aura sur la peau une tumeur, une inflammation ou une pustule, qui soit une tache de **lèpre**, on l'amènera au prêtre Aaron ou à l'un des **prêtres** ses fils. Le lépreux atteint d'une tache portera des vêtements déchirés et les cheveux en désordre, il se couvrira le haut du visage jusqu'aux lèvres, et il criera : "**Impur** ! Impur !" Tant qu'il gardera cette tache, il sera vraiment impur. C'est pourquoi il habitera à l'écart, son habitation sera hors du camp. »

Psaume

Ps 31

Tu es un refuge pour moi ;
de chants de délivrance, tu m'as entouré.

Heureux l'homme dont la faute est enlevée,
et le péché remis !
Heureux l'homme dont le Seigneur ne retient pas l'offense,
dont l'esprit est sans fraude !

Je t'ai fait connaître ma faute,
je n'ai pas caché mes torts.
J'ai dit : « Je rendrai grâce au Seigneur
en confessant mes péchés. »

Toi, tu as enlevé l'offense de ma faute.
Que le Seigneur soit votre joie !
Exultez, hommes justes !
Hommes droits, chantez votre allégresse !

Deuxième lecture

Lecture de la première lettre de saint Paul apôtre aux Corinthiens

1 Co 10,31-11,1

Quel est notre « héros » préféré, celui que nous avons envie d'imiter ? Le héros de Paul, c'est Jésus.

Frères, tout ce que vous faites : manger, boire, ou toute autre action, faites-le pour la **gloire** de Dieu. Ne soyez un obstacle pour personne, ni pour les Juifs, ni pour les païens, ni pour l'Église de Dieu. Ainsi, moi-même, en toute circonstance, je tâche de m'adapter à tout le monde, sans chercher mon intérêt personnel, mais celui de la **multitude** des hommes, pour qu'ils soient sauvés. Imitez-moi, comme moi aussi j'imite le Christ.

Évangile

Évangile de Jésus Christ selon saint Marc

Mc 1,40-45

Jésus vient nous guérir de tout ce qui nous éloigne de Dieu. Il agit discrètement, car il n'est pas un magicien. Mais ça mérite quand même que tout le monde le sache !

En ce temps-là, un lépreux vint auprès de Jésus ; il le supplia et, tombant à ses genoux, lui dit : « Si tu le veux, tu peux me purifier. » Saisi de compassion, Jésus étendit la main, le toucha et lui dit : « Je le veux, **sois purifié**. » À l'instant même, la lèpre le quitta et il fut purifié. Avec fermeté, Jésus le renvoya aussitôt en lui disant : « Attention, ne dis rien à personne, mais va te montrer au prêtre, et donne pour ta purification ce que Moïse a prescrit dans la **Loi** : cela sera pour les gens un témoignage. » Une fois parti, cet homme se mit à proclamer et à répandre la nouvelle, de sorte que Jésus ne pouvait plus entrer ouvertement dans une ville, mais restait à l'écart, dans des endroits déserts. De partout cependant on venait à lui.

Les mots de la Bible

Aaron
Frère de Moïse. Il est le premier grand prêtre des Hébreux.

Lèpre
Cette maladie contagieuse n'était pas regardée comme une maladie ordinaire. Les lépreux devaient vivre à l'écart. On pensait que leur contact rendait impur car on prenait la lèpre pour une punition de Dieu.

Prêtres
À Jérusalem, c'étaient des hommes qui assuraient le service du Temple. Ils vérifiaient aussi que les gens étaient purs.

Impur
Dans la Loi juive, c'est celui qui n'a pas le droit d'approcher de Dieu. Beaucoup de choses pouvaient rendre impur, même involontairement !

Gloire
Immense importance.

Multitude
Très grand nombre.

Sois purifié
Selon la Loi juive, il ne fallait pas toucher un lépreux s'il ne s'était pas purifié et présenté au prêtre. Mais Jésus se montre libre par rapport à la Loi. Lui touche l'intouchable. À ses yeux, c'est ce qu'il y a dans le cœur de l'homme qui compte ! Le lépreux est guéri parce qu'il s'est approché de lui et l'a supplié avec confiance.

Loi
Ce sont les dix commandements que Dieu a donnés à Moïse pour être fidèle à Dieu.

Retourne page 15 pour poursuivre la messe.

Mercredi
14 février
2024

Mercredi des Cendres

Aujourd'hui, c'est le premier jour du Carême.
À l'église, nous recevons des cendres sur le front.
Ce signe rappelle que, souvent, nous sommes loin du feu
de l'amour de Dieu.
À nous de nous rapprocher de lui !

Première lecture

Lecture du livre de Joël

Jl 2,12-18

Le prophète Joël nous lance un message de la part de Dieu : revenons vers lui, il nous attend !

Maintenant – oracle du Seigneur – revenez à moi de tout votre cœur, dans le **jeûne**, les larmes et le deuil ! Déchirez vos cœurs et non pas vos vêtements, et revenez au Seigneur votre Dieu, car il est tendre et **miséricordieux**, lent à la colère et plein d'amour, renonçant au châtiment. Qui sait ? Il pourrait revenir, il pourrait renoncer au châtiment, et laisser derrière lui sa bénédiction : alors, vous pourrez présenter offrandes et libations au Seigneur votre Dieu. Sonnez du cor dans Sion : prescrivez un jeûne sacré, annoncez une **fête solennelle**, réunissez le peuple, tenez une assemblée sainte, rassemblez les anciens, réunissez petits enfants et nourrissons ! Que le jeune époux sorte de sa maison, que la jeune mariée quitte sa chambre ! Entre le portail et l'autel, les prêtres, serviteurs du Seigneur, iront pleurer et diront : « Pitié, Seigneur, pour ton peuple, n'expose pas ceux qui t'appartiennent à l'insulte et aux moqueries des païens ! Faudra-t-il qu'on dise : “Où donc est leur Dieu ?” » Et le Seigneur s'est ému en faveur de son pays, il a eu pitié de son peuple.

Psaume

Ps 50

Pitié, Seigneur, car nous avons péché !

Pitié pour moi, mon Dieu, dans ton amour,
selon ta grande miséricorde, efface mon péché.
Lave-moi tout entier de ma faute,
purifie-moi de mon offense.

Oui, je connais mon péché,
ma faute est toujours devant moi.
Contre toi, et toi seul, j'ai péché,
ce qui est mal à tes yeux, je l'ai fait.

Crée en moi un cœur pur, ô mon Dieu,
renouvelle et raffermis au fond de moi mon esprit.
Ne me chasse pas loin de ta face,
ne me reprends pas ton esprit saint.

Rends-moi la joie d'être sauvé ;
que l'esprit généreux me soutienne.
Seigneur, ouvre mes lèvres,
et ma bouche annoncera ta louange.

Deuxième lecture — Lecture de la deuxième lettre de saint Paul apôtre aux Corinthiens

2 Co 5,20–6,2

Paul, lui aussi, nous avertit : il est temps de tout faire pour rester ami de Dieu.

Frères, nous sommes les **ambassadeurs** du Christ, et par nous c'est Dieu lui-même qui lance un appel : nous le demandons au nom du Christ, laissez-vous réconcilier avec Dieu. Celui qui n'a pas connu le péché, Dieu l'a pour nous identifié au péché, afin qu'en lui nous devenions justes de la justice même de Dieu. En tant que coopérateurs de Dieu, nous vous exhortons encore à ne pas laisser sans effet la **grâce** reçue de lui. Car il dit dans l'Écriture : Au moment favorable je t'ai exaucé, au **jour du salut** je t'ai secouru. Le voici maintenant le moment favorable, le voici maintenant le jour du salut.

Évangile — Évangile de Jésus Christ selon saint Matthieu

Mt 6,1-6.16-18

Quand nous faisons quelque chose de bien, pas besoin de le dire à tout le monde. Dieu nous connaît, jusque dans nos secrets les plus secrets.

En ce temps-là, Jésus disait à ses disciples : « Ce que vous faites pour devenir des justes, évitez de l'accomplir devant les hommes pour vous faire remarquer. Sinon, il n'y a pas de récompense pour vous auprès de votre Père qui est aux cieux. Ainsi, quand tu fais l'**aumône**, ne fais pas sonner la trompette devant toi, comme les hypocrites qui se donnent en spectacle dans les **synagogues** et dans les rues, pour obtenir la gloire qui vient des hommes. Amen, je vous le déclare : ceux-là ont reçu leur **récompense**. Mais toi, quand tu fais l'aumône, que ta main gauche ignore ce que fait ta main droite, afin que ton aumône reste dans le secret ; ton Père qui voit dans le secret te le rendra. Et quand vous priez, ne soyez pas comme les hypocrites : ils aiment à se tenir debout dans les synagogues et aux carrefours pour bien se montrer aux hommes quand ils prient. Amen, je vous le déclare : ceux-là ont reçu leur récompense. Mais toi, quand tu pries, retire-toi dans ta pièce la plus retirée, ferme la porte, et prie ton Père qui est présent dans le secret ; ton Père qui voit dans le secret te le rendra. Et quand vous jeûnez, ne prenez pas un air abattu, comme les hypocrites : ils prennent une mine défaite pour bien montrer aux hommes qu'ils jeûnent. Amen, je vous le déclare : ceux-là ont reçu leur récompense. Mais toi, quand tu jeûnes, parfume-toi la tête et lave-toi le visage ; ainsi, ton jeûne ne sera pas connu des hommes, mais seulement de ton Père qui est présent au plus secret ; ton Père qui voit au plus secret te le rendra. »

Les mots de la Bible

Jeûne
Action de jeûner.
Se priver de nourriture.

Miséricordieux
Dieu est miséricordieux parce qu'il nous aime et nous pardonne quand nous lui faisons de la peine.

Fête solennelle
Célébration à laquelle on donne une grande importance.

Ambassadeur
Représentant d'une personne ou d'un pays auprès d'étrangers.

Grâce
Don, cadeau. Ici, le cadeau, c'est Jésus !

Jour du salut
Il arrive chaque fois que quelqu'un se laisse sauver par Dieu du désespoir, de l'égoïsme, de la mort.

Aumône
Don fait à celui qui en a besoin, par exemple de l'argent, de la nourriture ou de l'aide.

Synagogue
Maison de prière des juifs.

Récompense
Ceux qui donnent beaucoup d'argent aux pauvres, en le montrant, ont une sorte de récompense : tout le monde voit le bien qu'ils font, ils se sentent fiers. Mais la vraie récompense est plus extraordinaire. Si nous agissons parce que nous savons que c'est bien, et non pour nous faire remarquer, nous ressemblerons à Dieu, notre Père. Nous serons plus proches de lui.

Retourne page 15 pour poursuivre la messe.

18
février
2024

1er dimanche de Carême

Le Carême, ce sont les quarante jours qui nous mènent à la grande fête de Pâques. C'est un temps de prière, de jeûne et de partage.
Les chrétiens essaient de changer leurs habitudes pour laisser plus de place à Dieu et aux autres.

Première lecture

Lecture du livre de la Genèse

Gn 9,8-15

Quand deux personnes font un pacte d'amitié, elles échangent un geste, elles se donnent un signe. C'est ce que Dieu fait avec Noé.

Dieu dit à Noé et à ses fils : « Voici que moi, j'établis mon alliance avec vous, avec votre descendance après vous, et avec tous les êtres vivants qui sont avec vous : les oiseaux, le bétail, toutes les bêtes de la terre, tout ce qui est sorti de l'arche. Oui, j'établis mon alliance avec vous : aucun être de chair ne sera plus détruit par les eaux du **déluge**, il n'y aura plus de déluge pour ravager la terre. » Dieu dit encore : « Voici le signe de l'**alliance** que j'établis entre moi et vous, et avec tous les êtres vivants qui sont avec vous, pour les générations à jamais : je mets mon arc au milieu des nuages, pour qu'il soit le signe de l'alliance entre moi et la terre. Lorsque je rassemblerai les nuages au-dessus de la terre, et que l'arc apparaîtra au milieu des nuages, je me souviendrai de mon alliance qui est entre moi et vous, et tous les êtres vivants : les eaux ne se changeront plus en déluge pour détruire tout être de chair. »

Psaume

Ps 24

Tes chemins, Seigneur,
sont amour et vérité pour qui garde ton alliance.

Seigneur, enseigne-moi tes voies,
fais-moi connaître ta route.
Dirige-moi par ta vérité, enseigne-moi,
car tu es le Dieu qui me sauve.

Rappelle-toi, Seigneur, ta tendresse,
ton amour qui est de toujours.
Dans ton amour, ne m'oublie pas,
en raison de ta bonté, Seigneur.

Il est droit, il est bon, le Seigneur,
lui qui montre aux pécheurs le chemin.
Sa justice dirige les humbles,
il enseigne aux humbles son chemin.

Deuxième lecture

Lecture de la première lettre de saint Pierre apôtre

1 P 3,18-22

Dans cette lettre, saint Pierre nous rappelle que l'eau du baptême nous fait entrer dans une vie nouvelle.

Bien-aimés, le Christ, lui aussi, a souffert pour les péchés, une seule fois, lui, le juste, pour les injustes, afin de vous introduire devant Dieu ; il a été mis à mort dans la chair, mais vivifié dans l'Esprit. C'est en lui qu'il est parti proclamer son message aux esprits qui étaient en captivité. Ceux-ci, jadis, avaient refusé d'obéir, au temps où se prolongeait la patience de Dieu, quand Noé construisit l'arche, dans laquelle un petit nombre, en tout huit personnes, furent sauvées à travers l'eau. C'était une figure du **baptême** qui vous sauve maintenant : le baptême ne purifie pas de **souillures** extérieures, mais il est l'engagement envers Dieu d'une **conscience droite** et il sauve par la résurrection de Jésus Christ, lui qui est à la droite de Dieu, après s'en être allé au ciel, lui à qui sont soumis les anges, ainsi que les Souverainetés et les Puissances.

Évangile — Évangile de Jésus Christ selon saint Marc

Mc 1,12-15

Jésus ne va pas au désert par hasard. Il y va pour se préparer à sa mission.

En ce temps-là, Jésus venait d'être baptisé. Aussitôt l'Esprit le pousse au désert et, dans le désert, il resta **quarante** jours, tenté par Satan. Il vivait parmi les bêtes sauvages, et les anges le servaient. Après l'arrestation de Jean, Jésus partit pour la Galilée proclamer l'Évangile de Dieu ; il disait : « Les temps sont **accomplis** : le **règne de Dieu** est tout proche. Convertissez-vous et croyez à l'Évangile. »

Les mots de la Bible

Déluge
Pluie gigantesque qui inonde le sol.

Alliance
C'est le pacte d'amitié que Dieu fait avec les hommes.

Baptême
En grec, « baptême » veut dire « plongée ». Celui qui est plongé dans l'eau pour être baptisé est greffé au Christ. Il entre dans une vie nouvelle avec Dieu.

Souillures
Salissures.

Avoir une conscience droite
C'est faire de son mieux pour se respecter et respecter les autres.

Quarante
Dans la Bible, on retrouve souvent le chiffre 40 : les Hébreux ont vécu 40 ans dans le désert ; Jésus est resté 40 jours au désert ; le Carême dure 40 jours. Ce chiffre représente le temps de l'accomplissement ; c'est un temps nécessaire pour se laisser transformer peu à peu par Dieu. C'est un temps qui rend plus fort, plus grand.

Accomplis
Les temps sont réalisés jusqu'au bout.

Règne de Dieu
C'est la vie avec Dieu que Jésus nous apprend à découvrir. C'est un monde nouveau qui s'annonce.

Retourne page 15 pour poursuivre la messe.

25 février 2024

2e dimanche de Carême

Quand Dieu nous parle et nous adresse des signes, nous avons parfois du mal à les comprendre. Nous les trouvons étonnants. Eh bien, laissons-nous surprendre !

Première lecture

Lecture du livre de la Genèse

Gn 22,1-2.9-13.15-18

Abraham était un croyant modèle. Quand Dieu l'appelait, il ne discutait pas. Il répondait toujours « présent ! ».

En ces jours-là, Dieu mit **Abraham** à l'épreuve. Il lui dit : « Abraham ! » Celui-ci répondit : « Me voici ! » Dieu dit : « Prends ton fils, ton unique, celui que tu aimes, Isaac, va au pays de Moriah, et là tu l'offriras en **holocauste** sur la montagne que je t'indiquerai. » Ils arrivèrent à l'endroit que Dieu avait indiqué. Abraham y bâtit l'autel et disposa le bois ; puis il lia son fils Isaac et le mit sur l'autel, par-dessus le bois. Abraham étendit la main et saisit le couteau pour **immoler** son fils. Mais l'ange du Seigneur l'appela du haut du ciel et dit : « Abraham ! Abraham ! » Il répondit : « Me voici ! » L'ange lui dit : « Ne porte pas la main sur le garçon ! Ne lui fais aucun mal ! Je sais maintenant que tu crains Dieu : tu ne m'as pas refusé ton fils, ton unique. » Abraham leva les yeux et vit un bélier retenu par les cornes dans un buisson. Il alla prendre le bélier et l'offrit en holocauste à la place de son fils. Du ciel, l'ange du Seigneur appela une seconde fois Abraham. Il déclara : « Je le jure par moi-même, oracle du Seigneur : parce que tu as fait cela, parce que tu ne m'as pas refusé ton fils, ton unique, je te comblerai de bénédictions, je rendrai ta descendance aussi nombreuse que les étoiles du ciel et que le sable au bord de la mer, et ta descendance occupera les places fortes de ses ennemis. Puisque tu as écouté ma voix, toutes les nations de la terre s'adresseront l'une à l'autre la bénédiction par le nom de ta descendance. »

Psaume Ps 115

Je marcherai en présence du Seigneu
sur la terre des vivants.

Je crois, et je parlerai,
moi qui ai beaucoup souffert.
Il en coûte au Seigneur
de voir mourir les siens !

Ne suis-je pas, Seigneur, ton serviteur,
moi, dont tu brisas les chaînes ?
Je t'offrirai le sacrifice d'action de grâce,
j'invoquerai le nom du Seigneur.

Je tiendrai mes promesses au Seigneur,
oui, devant tout son peuple,
à l'entrée de la maison du Seigneur,
au milieu de Jérusalem !

Deuxième lecture Lecture de la lettre de saint Paul apôtre aux Romains

Rm 8,31b-34

Paul nous rassure : nous n'avons pas de souci à nous faire.
Dieu nous donne tout, même son propre Fils.

Frères, si Dieu est pour nous, qui sera contre nous ? Il n'a pas épargné son propre Fils, mais il l'a **livré** pour nous tous : comment pourrait-il, avec lui, ne pas nous donner tout ? Qui accusera ceux que Dieu a choisis ? Dieu est celui qui rend juste : alors, qui pourra condamner ? Le Christ Jésus est mort ; bien plus, il est ressuscité, il est à la droite de Dieu, il intercède pour nous.

Évangile — Évangile de Jésus Christ selon saint Marc

Mc 9,2-10

Les disciples de Jésus pensaient bien le connaître. Mais voilà qu'ils le découvrent sous un nouveau visage, annonçant ainsi sa résurrection.

En ce temps-là, Jésus prit avec lui Pierre, Jacques et Jean, et les emmena, eux seuls, à l'écart sur une haute montagne. Et il fut **transfiguré** devant eux. Ses vêtements devinrent resplendissants, d'une blancheur telle que personne sur terre ne peut obtenir une blancheur pareille. **Élie** leur apparut avec **Moïse**, et tous deux s'entretenaient avec Jésus. Pierre alors prend la parole et dit à Jésus : « Rabbi, il est bon que nous soyons ici ! Dressons donc trois tentes : une pour toi, une pour Moïse, et une pour Élie. » De fait, Pierre ne savait que dire, tant leur frayeur était grande. Survint une **nuée** qui les couvrit de son ombre, et de la nuée une voix se fit entendre : « Celui-ci est mon Fils bien-aimé : **écoutez-le !** » Soudain, regardant tout autour, ils ne virent plus que Jésus seul avec eux. Ils descendirent de la montagne, et Jésus leur ordonna de ne raconter à personne ce qu'ils avaient vu, avant que le Fils de l'homme soit ressuscité d'entre les morts. Et ils restèrent fermement attachés à cette parole, tout en se demandant entre eux ce que voulait dire : « ressusciter d'entre les morts ».

Les mots de la Bible

Abraham
C'est l'ancêtre le plus ancien du peuple juif. Dieu lui a promis de très nombreux descendants.

Holocauste
Sacrifice où l'on brûlait un animal tout entier pour l'offrir à Dieu.

Immoler
Tuer un être vivant pour l'offrir à un dieu.

Livré
Remis entre les mains de quelqu'un.

Transfiguré
Quelqu'un est transfiguré quand sa figure est transformée, qu'elle a une beauté éclatante et inhabituelle.

Élie et Moïse
Deux grands personnages du peuple d'Israël. Personne ne savait où ils étaient enterrés. On disait qu'ils n'étaient peut-être pas morts, qu'ils pourraient revenir parmi les hommes.

Nuée
Nuage qui fait de l'ombre et laisse passer la lumière. Dans la Bible, Dieu parle souvent dans une nuée.

« Écoutez-le »
Dieu le Père demande aux disciples, et à nous aussi, d'écouter Jésus. Pourtant, Jésus va être rejeté et condamné à mort. Mais Dieu leur demande de tenir bon, car la mort de Jésus n'est pas la fin de tout.

Retourne page 15 pour poursuivre la messe.

3 mars 2024

3e dimanche de Carême

Sur le chemin de Pâques, comment faire pour mieux vivre avec Dieu ? Soyons fidèles au pacte d'amitié que Dieu a conclu avec nous.

Première lecture

Lecture du livre de l'Exode

Ex 20,1-3.7-8.12-17

Lecture brève

Dieu a donné à Moïse un cadeau pour tous les hommes : ce sont dix paroles pour vivre en amitié avec Dieu.

En ces jours-là, sur le Sinaï, Dieu prononça toutes les paroles que voici : « Je suis le Seigneur ton Dieu, qui t'ai fait sortir du pays d'Égypte, de la maison d'esclavage. Tu n'auras pas d'autres dieux en face de moi. Tu n'invoqueras pas en vain le nom du Seigneur ton Dieu, car le Seigneur ne laissera pas impuni celui qui invoque en vain son nom. Souviens-toi du jour du **sabbat** pour le sanctifier. Honore ton père et ta mère, afin d'avoir longue vie sur la terre que te donne le Seigneur ton Dieu. Tu ne commettras pas de meurtre. Tu ne commettras pas d'**adultère**. Tu ne commettras pas de vol. Tu ne porteras pas de faux témoignage contre ton prochain. Tu ne convoiteras pas la maison de ton prochain ; tu ne convoiteras pas la femme de ton prochain, ni son serviteur, ni sa servante, ni son bœuf, ni son âne : rien de ce qui lui appartient. »

Psaume

Ps 18

**Seigneur, tu as les paroles
de la vie éternelle.**

La loi du Seigneur est parfaite,
qui redonne vie ;
la charte du Seigneur est sûre,
qui rend sages les simples.

Les préceptes du Seigneur sont droits,
ils réjouissent le cœur ;
le commandement du Seigneur est limpide,
il clarifie le regard.

La crainte qu'il inspire est pure,
elle est là pour toujours ;

les décisions du Seigneur sont justes
et vraiment équitables :

plus désirables que l'or,
qu'une masse d'or fin,
plus savoureuses que le miel
qui coule des rayons.

Deuxième lecture

Lecture de la première lettre de saint Paul apôtre aux Corinthiens 1 Co 1,22-25

L'envoyé de Dieu chez les hommes est Jésus Christ, un homme qui est mort sur une croix. C'est fou !

Frères, alors que les Juifs réclament des signes miraculeux, et que les Grecs recherchent une sagesse, nous, nous proclamons un **Messie** crucifié, scandale pour les Juifs, folie pour les nations païennes. Mais pour ceux que Dieu appelle, qu'ils soient juifs ou grecs, ce Messie, ce Christ, est puissance de Dieu et sagesse de Dieu. Car ce qui est folie de Dieu est plus sage que les hommes, et ce qui est faiblesse de Dieu est plus fort que les hommes.

Évangile

Évangile de Jésus Christ selon saint Jean Jn 2,13-25

À Jérusalem, le Temple était la maison de Dieu. Mais les marchands et les changeurs l'avaient tout encombré ! Notre vie est la maison de Dieu… Lui faisons-nous de la place ?

Comme la **Pâque juive** était proche, Jésus monta à Jérusalem. Dans le Temple, il trouva installés les marchands de bœufs, de brebis et de colombes, et les **changeurs**. Il fit un fouet avec des cordes, et les chassa tous du Temple, ainsi que les brebis et les bœufs ; il jeta par terre la monnaie des changeurs, renversa leurs comptoirs, et dit aux marchands de colombes : « Enlevez cela d'ici. Cessez de faire de la maison de mon Père une maison de commerce. » Ses disciples se rappelèrent qu'il est écrit : L'amour de ta maison fera mon tourment. Des Juifs l'interpellèrent : « Quel signe peux-tu nous donner pour agir ainsi ? » Jésus leur répondit : « Détruisez ce **sanctuaire**, et en trois jours je le relèverai. » Les Juifs lui répliquèrent : « Il a fallu quarante-six ans pour bâtir ce sanctuaire, et toi, en trois jours tu le relèverais ! » Mais lui parlait du sanctuaire de son corps. Aussi, quand il se réveilla d'entre les morts, ses disciples se rappelèrent qu'il avait dit cela ; ils crurent à l'**Écriture** et à la parole que Jésus avait dite. Pendant qu'il était à Jérusalem pour la fête de la Pâque, beaucoup crurent en son nom, à la vue des signes qu'il accomplissait. Jésus, lui, ne se fiait pas à eux, parce qu'il les connaissait tous et n'avait besoin d'aucun témoignage sur l'homme ; lui-même, en effet, connaissait ce qu'il y a dans l'homme.

Les mots de la Bible

Sabbat
Jour que les juifs réservent à Dieu, le samedi. C'est leur jour de repos.

Adultère
Une personne qui commet l'adultère, trompe sa femme ou son mari.

Messie
Celui qui est choisi par Dieu et envoyé pour une mission.

Pâque juive
La grande fête des juifs. Pendant sept jours, ils fêtent la délivrance de leurs ancêtres libérés de l'esclavage qu'ils subissaient en Égypte.

Changeurs
Personnes qui changeaient l'argent des gens qui venaient au Temple contre l'argent du Temple.

Sanctuaire
Jésus et les juifs ne parlent pas du même sanctuaire. Pour les juifs, le sanctuaire, c'est le temple de Jérusalem, la maison de Dieu, le signe que Dieu habite parmi son peuple. Pour Jésus, le vrai sanctuaire, c'est lui-même car Dieu habite en lui. Jésus dit aux juifs qu'ils peuvent détruire le sanctuaire, et qu'il le reconstruira en trois jours. En fait, il annonce qu'il sera tué, et qu'il se relèvera de la mort trois jours après.

Écriture
Ce sont les livres saints des juifs, que nous appelons l'Ancien Testament. Et plus tard aussi ceux des chrétiens, avec le Nouveau Testament.

Retourne page 15 pour poursuivre la messe.

10 mars 2024

4e dimanche de Carême

Ne soyons pas découragés par tout ce qui ne va pas en nous et autour de nous. La Bible nous dit aujourd'hui de faire confiance à Dieu.

Première lecture

Lecture du deuxième livre des Chroniques

2 Ch 36,14-16.19-23

600 ans av. J. C., tout allait mal pour le peuple juif. Mais un jour un libérateur est arrivé.

En ces jours-là, tous les chefs des prêtres et du peuple multipliaient les infidélités, en imitant toutes les **abominations** des nations païennes, et ils profanaient la Maison que le Seigneur avait consacrée à Jérusalem. Le Seigneur, le Dieu de leurs pères, sans attendre et sans se lasser, leur envoyait des messagers, car il avait pitié de son peuple et de sa Demeure. Mais eux tournaient en dérision les envoyés de Dieu, méprisaient ses paroles, et se moquaient de ses prophètes ; finalement, il n'y eut plus de remède à la fureur grandissante du Seigneur contre son peuple. Les Babyloniens brûlèrent la Maison de Dieu, détruisirent le rempart de Jérusalem, incendièrent tous ses palais, et réduisirent à rien tous leurs objets précieux. **Nabucodonosor** déporta à Babylone ceux qui avaient échappé au massacre ; ils devinrent les esclaves du roi et de ses fils jusqu'au temps de la domination des Perses. Ainsi s'accomplit la parole du Seigneur proclamée par Jérémie : *La terre sera dévastée et elle se reposera durant soixante-dix ans, jusqu'à ce qu'elle ait compensé par ce repos tous les sabbats* ***profanés***. Or, la première année du règne de Cyrus, roi de Perse, pour que soit accomplie la parole du Seigneur proclamée par Jérémie, le Seigneur inspira **Cyrus**, roi de Perse. Et celui-ci fit publier dans tout son royaume – et même consigner par écrit – : « Ainsi parle Cyrus, roi de Perse : Le Seigneur, le Dieu du ciel, m'a donné tous les royaumes de la terre ; et il m'a chargé de lui bâtir une maison à Jérusalem, en Juda. Quiconque parmi vous fait partie de son peuple, que le Seigneur son Dieu soit avec lui, et qu'il monte à Jérusalem ! »

Psaume Ps 136

Que ma langue s'attache à mon palais si je perds ton souvenir !

Au bord des fleuves de Babylone
nous étions assis et nous pleurions,
nous souvenant de Sion ;
aux saules des alentours
nous avions pendu nos harpes.

C'est là que nos vainqueurs
nous demandèrent des chansons,
et nos bourreaux, des airs joyeux :
« Chantez-nous, disaient-ils,
quelque chant de Sion. »

Comment chanterions-nous un chant du Seigneur
sur une terre étrangère ?
Si je t'oublie, Jérusalem,
que ma main droite m'oublie !

Je veux que ma langue s'attache à mon palais
si je perds ton souvenir,
si je n'élève Jérusalem
au sommet de ma joie.

Deuxième lecture Lecture de la lettre de saint Paul apôtre aux Éphésiens Ep 2,4-10

Quelle chance nous avons, nous dit saint Paul. Dieu nous donne son amour gratuitement et cela transforme notre vie.

Frères, Dieu est riche en miséricorde ; à cause du grand amour dont il nous a aimés, nous qui étions des morts par suite de nos fautes, il nous a donné la vie avec le Christ : c'est bien par grâce que vous êtes sauvés. Avec lui, il nous a ressuscités et il nous a fait siéger aux cieux, dans le Christ Jésus. Il a voulu ainsi montrer, au long des âges futurs, la richesse surabondante de sa grâce, par sa bonté pour nous dans le Christ Jésus. C'est bien par la **grâce** que vous êtes sauvés, et par le moyen de la foi. Cela ne vient pas de vous, c'est le don de Dieu. Cela ne vient pas des actes : personne ne peut en tirer orgueil. C'est Dieu qui nous a faits, il nous a créés dans le Christ Jésus, en vue de la réalisation d'œuvres bonnes qu'il a préparées d'avance pour que nous les pratiquions.

Évangile — Évangile de Jésus Christ selon saint Jean

Jn 3,14-21

**Chacun de nous compte beaucoup pour Dieu.
Dieu nous le montre en donnant à chacun son fils Jésus ;
oui, nous pouvons croire à son amour et y répondre.**

En ce temps-là, Jésus disait à Nicodème : « De même que le **serpent de bronze** fut élevé par Moïse dans le désert, ainsi faut-il que le Fils de l'homme soit élevé, afin qu'en lui tout homme qui croit ait la vie éternelle. Car Dieu a tellement aimé le monde qu'il a donné son Fils unique, afin que quiconque croit en lui ne se perde pas, mais obtienne la vie éternelle. Car Dieu a envoyé son Fils dans le monde, non pas pour **juger** le monde, mais pour que, par lui, le monde soit sauvé. **Celui qui croit** en lui échappe au Jugement, celui qui ne croit pas est déjà jugé, du fait qu'il n'a pas cru au nom du Fils unique de Dieu. Et le Jugement, le voici : la lumière est venue dans le monde, et les hommes ont préféré les ténèbres à la lumière, parce que leurs œuvres étaient mauvaises. Celui qui fait le mal déteste la lumière : il ne vient pas à la lumière, de peur que ses œuvres ne soient dénoncées ; mais celui qui fait la vérité vient à la lumière, pour qu'il soit manifeste que ses œuvres ont été accomplies en union avec Dieu. »

Les mots de la Bible

Abominations
Actions qui abîment ce qui est sacré, respectable.

Nabucodonosor
Roi de Babylone de 605 à 562 av. J. C. ; il brûle Jérusalem en 587 et déporte les juifs à Babylone.

Profanés
Qui ne sont pas respectés.

Cyrus
Roi de l'Empire perse de 550 à 530 av. J. C . Il libère les juifs prisonniers à Babylone et permet la reconstruction du temple de Jérusalem.

Grâce
Amour de Dieu donné comme un cadeau.

Serpent de bronze
Il représente la guérison que Dieu seul donne.

Juger
Ici, c'est condamner.

Celui qui croit
Celui qui croit a découvert Jésus Christ et il lui fait confiance. Il accepte de lui faire de la place car il sait qu'il a besoin de Jésus pour bien mener sa vie. C'est bon de se savoir aimé de Dieu, notre visage est alors tout éclairé !

Retourne page 15 pour poursuivre la messe.

17
mars
2024

5e dimanche de Carême

La fête de Pâques se rapproche.
Nous allons bientôt fêter la victoire de Jésus sur la mort.
Mais avant la victoire il y a la défaite :
Jésus meurt pour de bon.
Pourquoi ? À quoi sert cette mort ?

Première lecture — Lecture du livre de Jérémie

Jr 31,31-34

Jérémie annonce le projet de Dieu : Dieu veut être le compagnon de son peuple. Que chacun le connaisse comme il connaît chacun !

Voici venir des jours – oracle du Seigneur –, où je conclurai avec la **maison d'Israël** et avec la **maison de Juda** une **alliance** nouvelle. Ce ne sera pas comme l'alliance que j'ai conclue avec leurs pères, le jour où je les ai pris par la main pour les faire sortir du pays d'Égypte : mon alliance, c'est eux qui l'ont rompue, alors que moi, j'étais leur maître – oracle du Seigneur. Mais voici quelle sera l'alliance que je conclurai avec la maison d'Israël quand ces jours-là seront passés – oracle du Seigneur. Je mettrai ma Loi au plus profond d'eux-mêmes ; je l'inscrirai sur leur cœur. Je serai leur Dieu, et ils seront mon peuple. Ils n'auront plus à instruire chacun son compagnon, ni chacun son frère en disant : « Apprends à connaître le Seigneur ! » Car tous me connaîtront, des plus petits jusqu'aux plus grands – oracle du Seigneur. Je pardonnerai leurs fautes, je ne me rappellerai plus leurs péchés.

Psaume

Ps 50

Crée en moi un cœur pur, ô mon Dieu.

Pitié pour moi, mon Dieu, dans ton amour,
selon ta grande miséricorde, efface mon péché.
Lave-moi tout entier de ma faute,
purifie-moi de mon offense.

Crée en moi un cœur pur, ô mon Dieu,
renouvelle et raffermis au fond de moi mon esprit.
Ne me chasse pas loin de ta face,
ne me reprends pas ton esprit saint.

Rends-moi la joie d'être sauvé ;
que l'esprit généreux me soutienne.
Aux pécheurs, j'enseignerai tes chemins ;
vers toi, reviendront les égarés.

Deuxième lecture

Lecture de la lettre aux Hébreux

He 5,7-9

Est-ce que Jésus a eu peur de mourir ? Oui, sans doute, quand il a vu venir la mort. Mais il a tenu bon, grâce à Dieu.

Le Christ, pendant les jours de sa vie dans la chair, offrit, avec un grand cri et dans les larmes, des prières et des **supplications** à Dieu qui pouvait le sauver de la mort, et il fut **exaucé** en raison de son grand respect. Bien qu'il soit le Fils, il apprit par ses souffrances l'obéissance et, conduit à sa perfection, il est devenu pour tous ceux qui lui obéissent la cause du salut éternel.

Évangile

Évangile de Jésus Christ selon saint Jean

Jn 12,20-33

La mort de Jésus est un moment à la fois terrible et important. Car elle débouche sur la vie. Écoutons comment Jésus parle de sa propre mort.

En ce temps-là, il y avait quelques Grecs parmi ceux qui étaient montés à Jérusalem pour adorer Dieu pendant la fête de la Pâque. Ils abordèrent Philippe, qui était de Bethsaïde en Galilée, et lui firent cette demande : « Nous voudrions voir Jésus. » Philippe va le dire à André, et tous deux vont le dire à Jésus. Alors Jésus leur déclare : « **L'heure** est venue où le Fils de l'homme doit être **glorifié**. Amen, amen, je vous le dis : si le **grain de blé** tombé en terre ne meurt pas, il reste seul ; mais s'il meurt, il porte beaucoup de fruit. Qui aime sa vie la perd ; qui s'en détache en ce monde la gardera pour la vie éternelle. Si quelqu'un veut me servir, qu'il me suive ; et là où moi je suis, là aussi sera mon serviteur. Si quelqu'un me sert, mon Père l'honorera. Maintenant mon âme est bouleversée. Que vais-je dire ? "Père, sauve-moi de cette heure" ? – Mais non ! C'est pour cela que je suis parvenu à cette heure-ci ! Père, glorifie ton nom ! » Alors, du ciel vint une voix qui disait : « Je l'ai glorifié et je le glorifierai encore. » En l'entendant, la foule qui se tenait là disait que c'était un coup de tonnerre. D'autres disaient : « C'est un ange qui lui a parlé. » Mais Jésus leur répondit : « Ce n'est pas pour moi qu'il y a eu cette voix, mais pour vous. Maintenant a lieu le jugement de ce monde ; maintenant le **prince de ce monde** va être jeté dehors ; et moi, quand j'aurai été élevé de terre, j'attirerai à moi tous les hommes. » Il signifiait par là de quel genre de mort il allait mourir.

Les mots de la Bible

Maison d'Israël et de Juda
C'est le peuple d'Israël.

Alliance
Pacte d'amitié que Dieu a conclu avec le peuple d'Israël. Il lui promet de ne jamais l'abandonner.

Supplication
Prière intense.

Exaucé
Quand on demande quelque chose à Dieu et que cela se réalise, on est exaucé.

L'heure
Dans l'évangile de saint Jean, l'heure de Jésus désigne le moment où il est condamné à mort et cloué sur une croix.

Glorifié
Être rempli de gloire. C'est Dieu le Père qui glorifie Jésus. Il reconnaît toute sa grandeur.

Grain de blé
Quand un agriculteur sème du blé, il met dans la terre de petits grains de blé, bien espacés. Chaque grain pourrit dans la terre, meurt et donne naissance à un épi de blé qui produit de nouveaux grains de blé. La mort de Jésus ressemble à la mort de ce grain. Elle est là pour produire de la vie, la vie de Dieu pour le monde entier.

Prince de ce monde
On l'appelle aussi Satan ou le Diable : c'est la puissance du mal qui divise et semble dominer le monde.

Retourne page 15 pour poursuivre la messe.

24
mars
2024

Dimanche des Rameaux et de la Passion

**La Semaine sainte commence aujourd'hui.
Le jour des Rameaux, nous nous souvenons que
Jésus a d'abord été acclamé par la foule,
avant d'être mis à mort.**

Procession des Rameaux

Évangile — Évangile de Jésus Christ selon saint Marc

Mc 11,1-10

Jésus fait une entrée triomphale à Jérusalem.

Lorsqu'ils approchent de Jérusalem, vers Bethphagé et Béthanie, près du mont des Oliviers, Jésus envoie deux de ses disciples et leur dit : « Allez au village qui est en face de vous. Dès que vous y entrerez, vous trouverez un petit âne attaché, sur lequel personne ne s'est encore assis. Détachez-le et amenez-le. Si l'on vous dit : “Que faites-vous là ?”, répondez : “Le Seigneur en a besoin, mais il vous le renverra aussitôt.” » Ils partirent, trouvèrent un petit âne attaché près d'une porte, dehors, dans la rue, et ils le détachèrent. Des gens qui se trouvaient là leur demandaient : « Qu'avez-vous à détacher cet ânon ? » Ils répondirent ce que Jésus leur avait dit, et on les laissa faire. Ils amenèrent le petit âne à Jésus, le couvrirent de leurs manteaux, et Jésus s'assit dessus. Alors, beaucoup de gens étendirent leurs manteaux sur le chemin, d'autres, des feuillages coupés dans les champs. Ceux qui marchaient devant et ceux qui suivaient criaient : « **Hosanna** ! Béni soit celui qui vient au nom du Seigneur ! Béni soit le Règne qui vient, celui de David, notre père. Hosanna au plus haut des cieux ! »

Messe de la Passion

Première lecture

Lecture du livre d'Isaïe

Is 50,4-7

Le Serviteur de Dieu accepte ses souffrances, sans douter de l'amour du Père.

Le Seigneur mon Dieu m'a donné le langage des disciples, pour que je puisse, d'une parole, soutenir celui qui est épuisé. Chaque matin, il éveille, il éveille mon oreille pour qu'en disciple, j'écoute. Le Seigneur mon Dieu m'a ouvert l'oreille, et moi, je ne me suis pas révolté, je ne me suis pas dérobé. J'ai présenté mon dos à ceux qui me frappaient, et mes joues à ceux qui m'arrachaient la barbe. Je n'ai pas caché ma face devant les **outrages** et les crachats. Le Seigneur mon Dieu vient à mon secours ; c'est pourquoi je ne suis pas atteint par les outrages, c'est pourquoi j'ai rendu ma face dure comme pierre : je sais que je ne serai pas confondu.

Psaume Ps 21

Mon Dieu, mon Dieu, pourquoi m'as-tu abandonné ?

Tous ceux qui me voient me bafouent,
ils ricanent et hochent la tête :
« Il comptait sur le Seigneur : qu'il le délivre !
Qu'il le sauve, puisqu'il est son ami ! »

Oui, des chiens me cernent,
une bande de vauriens m'entoure ;
ils me percent les mains et les pieds,
je peux compter tous mes os.

Ils partagent entre eux mes habits
et tirent au sort mon vêtement.
Mais toi, Seigneur, ne sois pas loin :
ô ma force, viens vite à mon aide !

Mais tu m'as répondu !
Et je proclame ton nom devant mes frères,
je te loue en pleine assemblée.
Vous qui le craignez, louez le Seigneur.

Deuxième lecture

Lecture de la lettre de saint Paul apôtre aux Philippiens

Ph 2,6-11

Le Christ Jésus, ayant la condition de Dieu, ne retint pas jalousement le rang qui l'égalait à Dieu. Mais il s'est anéanti, prenant la condition de serviteur, devenant semblable aux hommes. Reconnu homme à son aspect, il s'est abaissé, devenant obéissant jusqu'à la mort, et la mort de la croix. C'est pourquoi Dieu l'a exalté : il l'a doté du Nom qui est au-dessus de tout nom, afin qu'au nom de Jésus tout genou fléchisse au ciel, sur terre et aux enfers, et que toute langue proclame : « Jésus Christ est Seigneur » à la gloire de Dieu le Père.

Évangile La passion de notre Seigneur Jésus Christ selon saint Marc Mc 15,1-39

L'Évangile raconte les dernières heures de Jésus. Tout le monde l'abandonne : ses disciples s'enfuient, la foule demande sa mort. Il meurt seul. Écoutons ce long récit.

La fête de la Pâque et des pains sans levain allait avoir lieu deux jours après. Les grands prêtres et les scribes cherchaient comment arrêter Jésus par ruse, pour le faire mourir. Car ils se disaient : « Pas en pleine fête, pour éviter des troubles dans le peuple. » Jésus se trouvait à Béthanie, dans la maison de Simon **le lépreux**. Pendant qu'il était à table, une femme entra, avec un flacon d'albâtre contenant un parfum très pur et de grande valeur. Brisant le flacon, elle lui versa le parfum sur la tête. Or, de leur côté, quelques-uns s'indignaient : « À quoi bon gaspiller ce parfum ? On aurait pu, en effet, le vendre pour plus de trois cents pièces d'argent, que l'on aurait données aux pauvres. » Et ils la rudoyaient. Mais Jésus leur dit : « Laissez-la ! Pourquoi la tourmenter ? Il est beau, le geste qu'elle a fait envers moi. Des pauvres, vous en aurez toujours avec vous, et, quand vous le voulez, vous pouvez leur faire du bien ; mais moi, vous ne m'avez pas pour toujours. Ce qu'elle pouvait faire, elle l'a fait. D'avance elle a parfumé mon corps pour mon ensevelissement. Amen, je vous le dis : partout où l'Évangile sera proclamé – dans le monde entier –, on racontera, en souvenir d'elle, ce qu'elle vient de faire. » Judas Iscariote, l'un des Douze, alla trouver les grands prêtres pour leur livrer Jésus. À cette nouvelle, ils se réjouirent et promirent de lui donner de l'argent. Et Judas cherchait comment le livrer au moment favorable. Le premier jour de la fête des pains sans levain, où l'on immolait l'agneau pascal, les disciples de Jésus lui disent : « Où veux-tu que nous allions faire les préparatifs pour que tu manges la Pâque ? » Il envoie deux de ses disciples en leur disant : « Allez à la ville ; un homme portant une cruche d'eau viendra à votre rencontre. Suivez-le, et là où il entrera, dites au propriétaire : "Le Maître te fait dire : Où est la salle où je pourrai manger la Pâque avec mes disciples ?" Il vous indiquera, à l'étage, une grande pièce aménagée et prête pour un repas. Faites-y

pour nous les préparatifs. » Les disciples partirent, allèrent à la ville ; ils trouvèrent tout comme Jésus leur avait dit, et ils préparèrent la Pâque. Le soir venu, Jésus arrive avec **les Douze**. Pendant qu'ils étaient à table et mangeaient, Jésus déclara : « Amen, je vous le dis : l'un de vous, qui mange avec moi, va me livrer. » Ils devinrent tout tristes et, l'un après l'autre, ils lui demandaient : « Serait-ce moi ? » Il leur dit : « C'est l'un des Douze, celui qui est en train de se servir avec moi dans le plat. Le Fils de l'homme s'en va, comme il est écrit à son sujet ; mais malheureux celui par qui le Fils de l'homme est livré ! Il vaudrait mieux pour lui qu'il ne soit pas né, cet homme-là ! »

Pendant le repas, Jésus, ayant pris du pain et prononcé la bénédiction, le rompit, le leur donna, et dit : « Prenez, ceci est mon corps. » Puis, ayant pris une coupe et ayant rendu grâce, il la leur donna, et ils en burent tous. Et il leur dit : « Ceci est mon sang, le sang de l'**Alliance**, versé pour la multitude. Amen, je vous le dis : je ne boirai plus du fruit de la vigne, jusqu'au jour où je le boirai, nouveau, dans le royaume de Dieu. » Après avoir chanté les psaumes, ils partirent pour le mont des Oliviers. Jésus leur dit : « Vous allez tous être exposés à tomber, car il est écrit : *Je frapperai le berger, et les brebis seront dispersées*. Mais, une fois ressuscité, je vous précéderai en Galilée. » Pierre lui dit alors : « Même si tous viennent à tomber, moi, je ne tomberai pas. » Jésus lui répond : « Amen, je te le dis : toi, aujourd'hui, cette nuit même, avant que le coq chante deux fois, tu m'auras renié trois fois. » Mais lui reprenait de plus belle : « Même si je dois mourir avec toi, je ne te renierai pas. » Et tous en disaient autant.

Ils parviennent à un domaine appelé Gethsémani. Jésus dit à ses disciples : « Asseyez-vous ici, pendant que je vais prier. » Puis il emmène avec lui Pierre, Jacques et Jean, et commence à ressentir frayeur et angoisse.

Il leur dit : « Mon âme est triste à mourir. Restez ici et veillez. » Allant un peu plus loin, il tombait à terre et priait pour que, s'il était possible, cette heure s'éloigne de lui. Il disait : « *Abba*… Père, tout est possible pour toi. Éloigne de moi cette coupe. Cependant, non pas ce que moi, je veux, mais ce que toi, tu veux ! » Puis il revient et trouve les disciples endormis. Il dit à Pierre : « Simon, tu dors ! Tu n'as pas eu la force de veiller seulement une heure ? Veillez et priez, pour ne pas entrer en tentation ; l'esprit est ardent, mais la chair est faible. » De nouveau, il s'éloigna et pria, en répétant les mêmes paroles. Et de nouveau, il vint près des disciples qu'il trouva endormis, car leurs yeux étaient alourdis de sommeil. Et eux ne savaient que lui répondre. Une troisième fois, il revient et leur dit : « Désormais, vous pouvez dormir et vous reposer. C'est fait ; l'heure est venue : voici que le **Fils de l'homme** est livré aux mains des pécheurs. Levez-vous ! Allons ! Voici qu'il est proche, celui qui me livre. » Jésus parlait encore quand Judas, l'un des Douze, arriva et avec lui une foule armée d'épées et de bâtons, envoyée par les grands prêtres, les scribes et les anciens. Or, celui qui le livrait leur avait donné un signe convenu : « Celui que j'embrasserai, c'est lui : arrêtez-le, et emmenez-le sous bonne garde. » À peine arrivé, Judas, s'approchant de Jésus, lui dit : « Rabbi ! » Et il l'embrassa. Les autres mirent la main sur lui et l'arrêtèrent. Or un de ceux qui étaient là tira son épée, frappa le serviteur du grand prêtre et lui trancha l'oreille. Alors Jésus leur déclara : « Suis-je donc un bandit, pour que vous soyez venus vous saisir de moi, avec des épées et des bâtons ? Chaque jour, j'étais auprès de vous dans le Temple en train d'enseigner, et vous ne m'avez pas arrêté. Mais c'est pour que les Écritures s'accomplissent. » Les disciples l'abandonnèrent et s'enfuirent tous. Or, un jeune homme suivait Jésus ; il n'avait pour tout vêtement qu'un drap. On essaya de l'arrêter. Mais lui, lâchant le drap, s'enfuit tout nu.

Ils emmenèrent Jésus chez le grand prêtre. Ils se rassemblèrent tous, **les grands prêtres, les anciens et les scribes**. Pierre avait suivi Jésus à distance, jusqu'à l'intérieur du palais du grand prêtre, et là, assis avec les gardes, il se chauffait près du feu. Les grands prêtres et tout le Conseil suprême cherchaient un témoignage contre Jésus pour le faire mettre à mort, et ils n'en trouvaient pas. De fait, beaucoup portaient de faux témoignages contre Jésus, et ces témoignages ne concordaient pas. Quelques-uns se levèrent pour porter contre lui ce faux témoignage : « Nous l'avons entendu dire : “Je détruirai ce sanctuaire fait de main d'homme, et en trois jours j'en rebâtirai un autre qui ne sera pas fait de main d'homme.” » Et même sur ce point, leurs témoignages n'étaient pas concordants. Alors s'étant levé, le grand prêtre, devant tous, interrogea Jésus : « Tu ne réponds rien ? Que dis-tu des témoignages qu'ils portent contre toi ? » Mais lui gardait le silence et ne répondait rien. Le grand prêtre l'interrogea de nouveau : « Es-tu le Christ, le Fils du Dieu béni ? » Jésus lui dit : « Je le suis. Et vous verrez le Fils de l'homme siéger à la droite du Tout-Puissant, et venir parmi les nuées du ciel. » Alors, le grand prêtre déchire ses vêtements et dit : « Pourquoi nous faut-il encore des témoins ? Vous avez entendu le blasphème. Qu'en pensez-vous ? » Tous prononcèrent qu'il méritait la mort. Quelques-uns se mirent à cracher sur lui, couvrirent son visage d'un voile, et le giflèrent, en disant : « Fais le prophète ! » Et les gardes lui donnèrent des coups. Comme Pierre était en bas, dans la cour, arrive une des jeunes servantes du grand prêtre. Elle voit Pierre qui se chauffe, le dévisage et lui dit : « Toi aussi, tu étais avec Jésus de Nazareth ! » Pierre le nia : « Je ne sais pas, je ne comprends pas de quoi tu parles. » Puis il sortit dans le vestibule, au-dehors. Alors un coq chanta. La servante, ayant vu Pierre, se mit de nouveau à dire à ceux qui se trouvaient là : « Celui-ci est l'un d'entre eux ! » De nouveau, Pierre le niait. Peu après, ceux qui se trouvaient là lui disaient à leur tour : « Sûrement tu es l'un d'entre eux ! D'ailleurs, tu es galiléen. » Alors il se mit à protester violemment et à jurer : « Je ne connais pas cet homme dont vous parlez. » Et aussitôt, pour la seconde fois, un coq chanta. Alors Pierre se rappela cette parole que Jésus lui avait dite : « Avant que le coq chante deux fois, tu m'auras renié trois fois. » Et il fondit en larmes.

Dès le matin, les grands prêtres convoquèrent les anciens et les scribes, et tout le Conseil suprême. Puis, après avoir ligoté Jésus, ils l'emmenèrent et le livrèrent à **Pilate**. Celui-ci l'interrogea : « Es-tu le **roi des Juifs** ? » Jésus répondit : « C'est toi-même qui le dis. » Les grands prêtres multipliaient contre lui les accusations. Pilate lui demanda à nouveau : « Tu ne réponds rien ? Vois toutes les accusations qu'ils portent contre toi. » Mais Jésus ne répondit plus rien, si bien que Pilate fut étonné. À chaque fête, il leur relâchait un prisonnier, celui qu'ils demandaient. Or, il y avait en prison un dénommé Barabbas, arrêté avec des émeutiers pour un meurtre qu'ils avaient commis lors de l'émeute. La foule monta donc chez Pilate, et se mit à demander ce qu'il leur accordait d'habitude. Pilate leur répondit : « Voulez-vous que je vous relâche le roi des Juifs ? » Il se rendait bien compte que c'était par jalousie que les grands prêtres l'avaient livré. Ces derniers soulevèrent la foule pour qu'il leur relâche plutôt Barabbas. Et comme Pilate reprenait : « Que voulez-vous donc que je fasse de celui que vous appelez le roi des Juifs ? », de nouveau ils crièrent : « Crucifie-le ! » Pilate leur disait : « Qu'a-t-il donc fait de mal ? » Mais ils crièrent encore plus fort : « Crucifie-le ! » Pilate, voulant contenter la foule, relâcha Barabbas et, après avoir fait **flageller** Jésus, il le livra pour qu'il soit crucifié. Les soldats l'emmenèrent à l'intérieur du palais, c'est-à-dire dans le Prétoire. Alors ils rassemblent toute la garde, ils le revêtent de pourpre, et lui posent sur la tête une couronne d'épines qu'ils ont tressée. Puis ils se mirent à lui faire des salutations, en disant : « Salut, roi des Juifs ! » Ils lui frappaient la tête avec un roseau, crachaient sur lui, et s'agenouillaient pour lui rendre hommage. Quand ils se furent bien moqués de lui, ils lui enlevèrent le manteau de pourpre, et lui remirent ses vêtements. Puis, de là, ils l'emmènent pour le crucifier, et ils réquisitionnent, pour porter sa croix, un passant, Simon de Cyrène, le père d'Alexandre et de Rufus, qui revenait des champs. Et ils amènent Jésus au lieu dit Golgotha, ce qui se traduit : Lieu-du-Crâne (ou Calvaire). Ils lui donnaient du vin aromatisé de myrrhe ; mais il n'en prit pas. Alors ils le crucifient, puis se partagent ses vêtements, en tirant au sort pour savoir la part de chacun. C'était la troisième heure [c'est-à-dire : neuf heures du matin] lorsqu'on le crucifia. L'inscription indiquant le motif de sa condamnation portait ces mots : « Le roi des Juifs ». Avec lui ils crucifient deux bandits, l'un à sa droite, l'autre à sa gauche. Les passants l'injuriaient en hochant la tête ; ils disaient : « Hé ! toi qui détruis le Sanctuaire et le rebâtis en trois jours, sauve-toi toi-même, descends de la croix ! » De même, les grands prêtres se moquaient de lui avec les scribes, en disant entre eux : « Il en a sauvé d'autres, et il ne peut pas se sauver lui-même ! Qu'il descende maintenant de la croix, le Christ, le roi d'Israël ; alors nous verrons et nous croirons. » Même ceux qui étaient crucifiés avec lui l'insultaient. Quand arriva la sixième heure [c'est-à-dire : midi], l'obscurité se fit sur toute la terre jusqu'à la neuvième heure. Et à la neuvième heure, Jésus cria d'une voix forte : *« Éloï, Éloï, lema sabactani ? »*, ce qui se traduit : « Mon Dieu, mon Dieu, pourquoi m'as-tu abandonné ? » L'ayant entendu, quelques-uns de ceux qui étaient là disaient : « Voilà qu'il appelle le prophète Élie ! » L'un d'eux courut tremper une éponge dans une boisson vinaigrée, il la mit au bout d'un roseau, et il lui donnait à boire, en disant : « Attendez ! Nous verrons bien si Élie vient le descendre de là ! » Mais Jésus, poussant un grand cri, expira.

(Ici on fléchit le genou et on s'arrête un instant.)

Le rideau du Sanctuaire se déchira en deux, depuis le haut jusqu'en bas. Le **centurion** qui était là en face de Jésus, voyant comment il avait expiré, déclara : « Vraiment, cet homme était **Fils de Dieu** ! »

Les mots de la Bible

Hosanna
Acclamation de joie qui signifie en hébreu : « Sauve, maintenant ! »

Passion
Ce mot vient d'un verbe latin qui veut dire « souffrir ». Il désigne les épreuves très dures que Jésus a subies avant de mourir sur la croix. Jésus n'avait pas envie de mourir dans de telles souffrances. Mais il a voulu vivre jusqu'au bout une vie d'homme. Il a accepté de donner sa vie par amour. Et il a cru que Dieu ne l'abandonnerait pas dans la mort.

Outrage
Offense, injure très grave.

Lèpre
Cette maladie contagieuse n'était pas regardée comme une maladie ordinaire. Les lépreux devaient vivre à l'écart. On pensait que leur contact rendait impur car on prenait la lèpre pour une punition de Dieu.

Les Douze
Ce sont les 12 apôtres que Jésus a choisis parmi ses nombreux disciples.

Alliance
Quand deux personnes font une alliance, elles promettent de se faire confiance quoi qu'il arrive. Les chrétiens disent : Dieu fait alliance avec nous, il est notre Dieu, nous sommes son peuple.

Fils de l'homme
Jésus utilise souvent cette expression mystérieuse pour parler de lui. Elle annonce la venue d'un homme choisi par Dieu pour faire naître un monde nouveau.

Grands prêtres, anciens et scribes
C'étaient les responsables religieux du peuple juif.

Pilate
Gouverneur romain et chef de l'armée qui occupait la Palestine.

Roi des Juifs
À l'époque de Jésus, beaucoup de Juifs attendaient le Messie, un roi puissant et imposant. Quand on appelait Jésus « roi des Juifs », c'était pour se moquer de lui.

Flageller Fouetter.

Centurion
Officier romain qui commandait à cent soldats.

Fils de Dieu
Cette expression désigne Jésus, l'Envoyé promis par Dieu.

Retourne page 15 pour poursuivre la messe.

Jeudi saint
La Cène du Seigneur

La veille de sa mort, Jésus a accompli plusieurs gestes pour faire comprendre ce que cela veut dire « donner sa vie ». Nous nous souvenons de ce jour-là le Jeudi saint.

Première lecture

Lecture du livre de l'Exode

Ex 12,1-8.11-14

Dieu a fait sortir d'Égypte les Hébreux. Ils ont mangé un agneau. La marque du sang de l'agneau les a protégés de la mort. La Pâque juive le rappelle.

En ces jours-là, dans le pays d'Égypte, le Seigneur dit à Moïse et à son frère Aaron : « Ce mois-ci sera pour vous le premier des mois, il marquera pour vous le commencement de l'année. Parlez ainsi à toute la communauté d'Israël : le dix de ce mois, que l'on prenne un agneau par famille, un agneau par maison. Si la maisonnée est trop peu nombreuse pour un agneau, elle le prendra avec son voisin le plus proche, selon le nombre des personnes. Vous choisirez l'agneau d'après ce que chacun peut manger. Ce sera une bête sans défaut, un mâle, de l'année. Vous prendrez un agneau ou un chevreau. Vous le garderez jusqu'au quatorzième jour du mois. Dans toute l'assemblée de la communauté d'Israël, on l'**immolera** au coucher du soleil. On prendra du sang, que l'on mettra sur les deux montants et sur le **linteau** des maisons où on le mangera. On mangera sa chair cette nuit-là, on la mangera rôtie au feu, avec des pains sans levain et des herbes amères. Vous mangerez ainsi : la ceinture aux reins, les sandales aux pieds, le bâton à la main. Vous mangerez en toute hâte : c'est **la Pâque** du Seigneur. Je traverserai le pays d'Égypte, cette nuit-là ; je frapperai tout premier-né au pays d'Égypte, depuis les hommes jusqu'au **bétail**. Contre tous les dieux de l'Égypte j'exercerai mes jugements : Je suis le Seigneur. Le sang sera pour vous un signe, sur les maisons où vous serez. Je verrai le sang, et je passerai : vous ne serez pas atteints par le fléau dont je frapperai le pays d'Égypte. Ce jour-là sera pour vous un **mémorial**. Vous en ferez pour le Seigneur une **fête de pèlerinage**. C'est un décret perpétuel : d'âge en âge vous la fêterez. »

Psaume Ps 115

La coupe de bénédiction est communion au sang du Christ.

Comment rendrai-je au Seigneur
tout le bien qu'il m'a fait ?
J'élèverai la coupe du salut,
j'invoquerai le nom du Seigneur.

Il en coûte au Seigneur
de voir mourir les siens !
Ne suis-je pas, Seigneur, ton serviteur,
moi, dont tu brisas les chaînes ?

Je t'offrirai le sacrifice d'action de grâce,
j'invoquerai le nom du Seigneur.
Je tiendrai mes promesses au Seigneur,
oui, devant tout son peuple.

Deuxième lecture Lecture de la première lettre de saint Paul apôtre aux Corinthiens 1 Co 11,23-26

**C'est le dernier repas de Jésus.
Il annonce à ses amis qu'il sera présent avec eux,
au-delà de la mort, quand ils partageront le pain et le vin en son nom.
Nous revivons cela à chaque messe.**

Frères, moi, Paul, j'ai moi-même reçu ce qui vient du Seigneur, et je vous l'ai transmis : la nuit où il était livré, le Seigneur Jésus prit du pain, puis, ayant rendu grâce, il le rompit, et dit : « Ceci est mon corps, qui est pour vous. Faites cela en mémoire de moi. » Après le repas, il fit de même avec la coupe, en disant : « Cette coupe est la nouvelle **Alliance** en mon sang. Chaque fois que vous en boirez, faites cela en mémoire de moi. » Ainsi donc, chaque fois que vous mangez ce pain et que vous buvez cette coupe, vous proclamez la mort du Seigneur, jusqu'à ce qu'il vienne.

Évangile — Évangile de Jésus Christ selon saint Jean

Jn 13,1-15

Voici ce qui explique toute la vie de Jésus : c'est d'aimer jusqu'à tout donner. Il préfère servir plutôt que d'être le maître. C'est vrai ce soir-là à son dernier repas. C'est vrai aussi quand il meurt sur la croix.

Avant la fête de la Pâque, sachant que l'heure était venue pour lui de passer de ce monde à son Père, Jésus, ayant aimé **les siens** qui étaient dans le monde, les aima jusqu'au bout. Au cours du repas, alors que le diable a déjà mis dans le cœur de Judas, fils de Simon l'Iscariote, l'intention de le livrer, Jésus, sachant que le Père a tout remis entre ses mains, qu'il est sorti de Dieu et qu'il s'en va vers Dieu, se lève de table, dépose son vêtement, et prend un linge qu'il se noue à la ceinture ; puis il verse de l'eau dans un bassin. Alors il se mit à laver les pieds des disciples et à les essuyer avec le linge qu'il avait à la ceinture. Il arrive donc à Simon-Pierre, qui lui dit : « C'est toi, Seigneur, qui me laves les pieds ? » Jésus lui répondit : « Ce que je veux faire, tu ne le sais pas maintenant ; plus tard tu comprendras. » Pierre lui dit : « Tu ne me laveras pas les pieds ; non, jamais ! » Jésus lui répondit : « Si je ne te lave pas, **tu n'auras pas de part avec moi.** » Simon-Pierre lui dit : « Alors, Seigneur, pas seulement les pieds, mais aussi les mains et la tête ! » Jésus lui dit : « Quand on vient de prendre un bain, on n'a pas besoin de se laver, sinon les pieds : on est pur tout entier. Vous-mêmes, vous êtes purs, mais non pas tous. » Il savait bien qui allait le livrer ; et c'est pourquoi il disait : « Vous n'êtes pas tous purs. » Quand il leur eut lavé les pieds, il reprit son vêtement, se remit à table et leur dit : « Comprenez-vous ce que je viens de faire pour vous ? Vous m'appelez "Maître" et "Seigneur", et vous avez raison, car vraiment je le suis. Si donc moi, le Seigneur et le Maître, je vous ai lavé les pieds, vous aussi, vous devez vous laver les pieds les uns aux autres. C'est un exemple que je vous ai donné afin que vous fassiez, vous aussi, comme j'ai fait pour vous. »

Les mots de la Bible

Immoler
Offrir en sacrifice.

Linteau
C'est le haut de l'encadrement d'une porte ou d'une fenêtre, en bois ou en pierre.

La Pâque
Quand on l'écrit sans « s », c'est la fête juive qui rappelle le jour où Dieu a libéré les Hébreux esclaves en Égypte. Le dernier repas de Jésus avec ses disciples a eu lieu un jour de fête de la Pâque. Puis Jésus est mort et ressuscité le troisième jour. Pâques pour les chrétiens, c'est la fête de sa résurrection.

Bétail
Ce sont des animaux d'élevage.

Mémorial
Fête ou monument pour se souvenir de quelque chose, pour en garder la mémoire.

Fête de pèlerinage
Quand il y avait le temple à Jérusalem, les juifs y venaient en pèlerinage de tout le pays pour fêter la Pâque.

Alliance
C'est le pacte d'amitié que Dieu fait avec le peuple d'Israël depuis Noé et Abraham. Dieu lui promet de ne jamais l'abandonner et le peuple promet de suivre sa loi.

Les siens
Dans ce texte, il s'agit de ceux que Jésus a choisis plus spécialement pour l'accompagner.

Avoir part avec quelqu'un
C'est partager quelque chose avec quelqu'un.
Ici, cela veut dire partager le royaume de Dieu

Retourne page 15 pour poursuivre la messe.

Vendredi
29 mars
2024

Vendredi saint
Passion du Seigneur

Aujourd'hui, nous nous souvenons
de la mort de Jésus.
Le Fils de Dieu est cloué sur la croix,
comme un brigand !

Première lecture Lecture du livre d'Isaïe Is 52,13–53,12

Dans ce poème, le prophète Isaïe annonce le Christ qui va mourir sur la croix, abandonné de tous, pour nous sauver du péché.

Mon serviteur réussira, dit le Seigneur ; il montera, il s'élèvera, il sera exalté ! La multitude avait été consternée en le voyant, car il était si défiguré qu'il ne ressemblait plus à un homme ; il n'avait plus l'apparence d'un fils d'homme. Il étonnera de même une multitude de nations ; devant lui les rois resteront bouche bée, car ils verront ce que, jamais, on ne leur avait dit, ils découvriront ce dont ils n'avaient jamais entendu parler. Qui aurait cru ce que nous avons entendu ? Le bras puissant du Seigneur, à qui s'est-il révélé ? Devant lui, le serviteur a poussé comme une plante chétive, une racine dans une terre aride ; il était sans apparence ni beauté qui attire nos regards, son aspect n'avait rien pour nous plaire. Méprisé, abandonné des hommes, homme de douleurs, familier de la souffrance, il était pareil à celui devant qui on se voile la face ; et nous l'avons méprisé, compté pour rien. En fait, c'étaient nos souffrances qu'il portait, nos douleurs dont il était chargé. Et nous, nous pensions qu'il était frappé, meurtri par Dieu, humilié. Or, c'est à cause de nos révoltes qu'il a été transpercé, à cause de nos fautes qu'il a été broyé. Le **châtiment** qui nous donne la paix a pesé sur lui : par ses blessures, nous sommes guéris. Nous étions tous errants comme des brebis, chacun suivait son propre chemin. Mais le Seigneur a fait retomber sur lui nos fautes à nous tous. Maltraité, il s'humilie, il n'ouvre pas la bouche : comme un agneau conduit à l'abattoir, comme une brebis muette devant les tondeurs, il n'ouvre pas la bouche. Arrêté, puis jugé, il a été supprimé. Qui donc s'est inquiété de son sort ? Il a été retranché de la terre des vivants, frappé à mort pour les révoltes de son peuple. On a placé sa tombe avec les méchants, son tombeau avec les riches ; et pourtant il n'avait pas commis de violence, on ne trouvait pas de tromperie dans sa bouche. Broyé par la souffrance, il a plu au Seigneur. S'il remet sa vie en sacrifice de réparation, il verra une descendance, il prolongera ses jours : par lui, ce qui plaît au Seigneur réussira. Par suite de ses tourments, il verra la lumière, la connaissance le comblera. Le juste, mon serviteur, justifiera les multitudes, il se chargera de leurs fautes. C'est pourquoi, parmi les grands, je lui donnerai sa part, avec les puissants il partagera le butin, car il s'est dépouillé lui-même jusqu'à la mort, et il a été compté avec les pécheurs, alors qu'il portait le péché des multitudes et qu'il intercédait pour les pécheurs.

Psaume Ps 30

Ô Père, en tes mains je remets mon esprit.

En toi, Seigneur, j'ai mon refuge ;
garde-moi d'être humilié pour toujours.
En tes mains je remets mon esprit ;
tu me rachètes, Seigneur, Dieu de vérité.

Je suis la risée de mes adversaires
et même de mes voisins ;
je fais peur à mes amis,
s'ils me voient dans la rue, ils me fuient.

On m'ignore comme un mort oublié,
comme une chose qu'on jette.
J'entends les calomnies de la foule :
ils s'accordent pour m'ôter la vie.

Moi, je suis sûr de toi, Seigneur,
je dis : « Tu es mon Dieu ! »
Mes jours sont dans ta main : délivre-moi
des mains hostiles qui s'acharnent.

Sur ton serviteur, que s'illumine ta face ;
sauve-moi par ton amour.
Soyez forts, prenez courage,
vous tous qui espérez le Seigneur !

Deuxième lecture — Lecture de la lettre aux Hébreux

He 4,14-16 ; 5,7-9

**Le Christ a souffert et Dieu l'a écouté.
Suivons-le avec confiance vers le Père !**

Frères, en Jésus, le Fils de Dieu, nous avons le grand prêtre par excellence, celui qui a traversé les cieux ; tenons donc ferme l'affirmation de notre foi. En effet, nous n'avons pas un grand prêtre incapable de **compatir** à nos faiblesses, mais un grand prêtre éprouvé en toutes choses, à notre ressemblance, excepté le péché. Avançons-nous donc avec assurance vers le Trône de la **grâce**, pour obtenir **miséricorde** et recevoir, en temps voulu, la grâce de son secours. Le Christ, pendant les jours de sa vie dans la chair, offrit, avec un grand cri et dans les larmes, des prières et des **supplications** à Dieu qui pouvait le sauver de la mort, et il fut exaucé en raison de son grand respect. Bien qu'il soit le Fils, il apprit par ses souffrances l'obéissance et, conduit à sa perfection, il est devenu pour tous ceux qui lui obéissent la cause du salut éternel.

Évangile — La passion de notre Seigneur Jésus Christ selon saint Jean Jn 18,1-40–19,1-42

Nous lisons le récit des souffrances que Jésus a subies jusqu'à sa mort. C'est la passion du Christ.

En ce temps-là, après le repas, Jésus sortit avec ses disciples et traversa le torrent du Cédron ; il y avait là un jardin, dans lequel il entra avec ses disciples. Judas, qui le livrait, connaissait l'endroit, lui aussi, car Jésus et ses disciples s'y étaient souvent réunis. Judas, avec un détachement de soldats ainsi que des gardes envoyés par les grands prêtres et les pharisiens, arrive à cet endroit. Ils avaient des lanternes, des torches et des armes. Alors Jésus, sachant tout ce qui allait lui arriver, s'avança et leur dit : « Qui cherchez-vous ? » Ils lui répondirent : « Jésus le Nazaréen. » Il leur dit : « C'est moi, je le suis. » Judas, qui le livrait, se tenait avec eux. Quand Jésus leur répondit : « C'est moi, je le suis », ils reculèrent, et ils tombèrent à terre. Il leur demanda de nouveau : « Qui cherchez-vous ? » Ils dirent : « Jésus le Nazaréen. » Jésus répondit : « Je vous l'ai dit : c'est moi, je le suis. Si c'est bien moi que vous cherchez, ceux-là, laissez-les partir. » Ainsi s'accomplissait la parole qu'il avait dite : « Je n'ai perdu aucun de ceux que tu m'as donnés. » Or Simon-Pierre avait une épée ; il la tira, frappa le serviteur du grand prêtre et lui coupa l'oreille droite. Le nom de ce serviteur était Malcus. Jésus dit à Pierre : « Remets ton épée au fourreau. La coupe que m'a donnée le Père, vais-je refuser de la boire ? » Alors la troupe, le commandant et les gardes juifs se saisirent de Jésus et le ligotèrent. Ils l'emmenèrent d'abord chez Hanne, beau-père de Caïphe, qui était grand prêtre cette année-là. Caïphe était celui qui avait donné aux Juifs ce conseil : « Il vaut mieux qu'un seul homme meure pour le peuple. » Or Simon-Pierre, ainsi qu'un autre disciple, suivait Jésus. Comme ce disciple était connu du grand prêtre, il entra avec Jésus dans le palais du grand prêtre. Pierre se tenait près de la porte, dehors. Alors l'autre disciple – celui qui était connu du grand prêtre – sortit, dit un mot à la servante qui gardait la porte, et fit entrer Pierre. Cette jeune servante dit alors à Pierre : « N'es-tu pas, toi aussi, l'un des disciples de cet homme ? » Il répondit : « Non, je ne le suis pas ! » Les serviteurs et les gardes se tenaient là ; comme il faisait froid, ils avaient fait un feu de braise pour se réchauffer. Pierre était avec eux, en train de se chauffer. Le grand prêtre interrogea Jésus sur ses disciples et sur son enseignement. Jésus lui répondit : « Moi, j'ai parlé au monde ouvertement. J'ai toujours enseigné à la synagogue et dans le Temple, là où tous les Juifs se réunissent, et je n'ai jamais parlé en cachette. Pourquoi m'interroges-tu ? Ce que je leur ai dit, demande-le à ceux qui m'ont entendu. Eux savent ce que j'ai dit. » À ces mots, un des gardes, qui était à côté de Jésus, lui donna une gifle en disant : « C'est ainsi que tu réponds au grand prêtre ! » Jésus lui répliqua : « Si j'ai mal parlé, montre ce que j'ai dit de mal. Mais si j'ai bien parlé, pourquoi me frappes-tu ? » Hanne l'envoya, toujours ligoté, au grand prêtre Caïphe. Simon-Pierre était donc en train de se chauffer. On lui dit : « N'es-tu pas, toi aussi, l'un de ses disciples ? » Pierre le nia et dit : « Non, je ne le suis pas ! » Un des serviteurs du grand prêtre, parent de celui à qui Pierre avait coupé l'oreille, insista : « Est-ce que moi, je ne t'ai pas vu dans le jardin avec lui ? » Encore une fois, Pierre le nia. Et aussitôt un coq chanta. Alors on emmène Jésus de chez Caïphe au **Prétoire**. C'était le matin. Ceux qui l'avaient amené n'entrèrent pas dans le Prétoire, pour éviter une souillure et pouvoir manger l'**agneau pascal**. Pilate sortit donc à leur rencontre et demanda : « Quelle accusation portez-vous contre cet homme ? » Ils lui répondirent : « S'il n'était pas un malfaiteur, nous ne t'aurions pas livré cet homme. » Pilate leur dit : « Prenez-le vous-mêmes et jugez-le suivant votre loi. » Les Juifs lui dirent : « Nous n'avons pas le droit de mettre quelqu'un à mort. » Ainsi s'accomplissait la parole que Jésus avait dite pour signifier de quel genre de mort il allait mourir. Alors Pilate rentra dans le Prétoire ; il appela Jésus et lui dit : « Es-tu le roi des Juifs ? » Jésus lui demanda : « Dis-tu cela de toi-même, Ou bien d'autres te l'ont dit à mon sujet ? » Pilate répondit : « Est-ce que je suis juif, moi ? Ta nation et les grands prêtres t'ont livré à moi : qu'as-tu donc fait ? » Jésus déclara : « Ma royauté n'est pas de ce monde ; si ma royauté était de ce monde, j'aurais des gardes qui se seraient battus pour que je ne sois pas livré aux Juifs. En fait, ma royauté n'est pas d'ici. » Pilate lui dit : « Alors, tu es roi ? » Jésus répondit : « C'est toi-même qui dis que je suis roi. Moi, je suis né, je suis venu dans le monde pour ceci : rendre témoignage à la vérité. Quiconque appartient à la vérité écoute ma voix. » Pilate lui dit : « Qu'est-ce que la vérité ? » Ayant dit cela, il sortit de nouveau à la rencontre des Juifs, et il leur déclara : « Moi, je ne trouve en lui aucun motif de condamnation. Mais, chez vous, c'est la coutume que je vous relâche quelqu'un pour la Pâque : voulez-vous donc que je vous relâche le roi des Juifs ? » Alors ils répliquèrent en criant : « Pas lui ! Mais Barabbas ! » Or ce Barabbas était un bandit. Alors Pilate fit saisir Jésus pour qu'il soit **flagellé**. Les soldats tressèrent avec des épines une couronne qu'ils lui posèrent sur la tête ; puis ils le revêtirent d'un manteau **pourpre**. Ils s'avançaient vers lui et ils disaient : « Salut à toi, roi des Juifs ! » Et ils le giflaient. Pilate, de nouveau, sortit dehors et leur dit : « Voyez, je vous l'amène dehors pour que vous sachiez que je ne trouve en lui aucun motif de condamnation. » Jésus donc sortit dehors, portant la couronne d'épines et le manteau pourpre. Et Pilate leur déclara : « Voici l'homme. » Quand ils le virent, les grands prêtres et les gardes se mirent à crier : « Crucifie-le ! Crucifie-le ! » Pilate leur dit : « Prenez-le vous-mêmes, et crucifiez-le ; moi, je ne trouve en lui aucun motif de condamnation. » Ils lui répondirent : « Nous avons une Loi, et suivant la Loi il doit mourir, parce qu'il s'est fait Fils de Dieu. » Quand Pilate entendit ces paroles, il redoubla de crainte. Il rentra dans le Prétoire, et dit à Jésus : « D'où es-tu ? » Jésus ne lui fit aucune réponse. Pilate lui dit alors : « Tu refuses de me parler, à moi ? Ne sais-tu pas que j'ai pouvoir de te relâcher, et pouvoir de te crucifier ? » Jésus répondit : « Tu n'aurais aucun pouvoir sur moi si tu ne l'avais reçu d'en haut ; c'est pourquoi celui qui m'a livré à toi porte un péché plus grand. » Dès lors, Pilate cherchait à le relâcher ; mais des Juifs se mirent à crier : « Si tu le relâches, tu n'es pas un ami de l'empereur. Quiconque se fait roi s'oppose à l'empereur. » En entendant ces paroles, Pilate amena Jésus au-dehors ; il le fit asseoir sur une estrade au lieu dit le Dallage [en hébreu : Gabbatha]. C'était le jour de la Préparation de la Pâque, vers la sixième heure [environ midi]. Pilate dit aux Juifs : « Voici votre roi. » Alors ils crièrent : « À mort ! À mort ! **Crucifie-le** ! » Pilate leur dit : « Vais-je crucifier votre roi ? » Les grands prêtres répondirent : « Nous n'avons pas d'autre roi que l'empereur. » Alors, il leur livra Jésus pour qu'il soit crucifié. Ils se saisirent de Jésus. Et lui-même, portant sa croix, sortit en direction du lieu dit Le Crâne [ou Calvaire], qui se dit en hébreu Golgotha. C'est là qu'ils le crucifièrent, et deux autres avec lui, un de chaque côté, et Jésus au milieu. Pilate avait rédigé un écriteau qu'il fit placer sur la croix ; il était écrit : « Jésus le Nazaréen, roi des Juifs. » Beaucoup de Juifs lurent cet écriteau, parce que l'endroit où l'on avait crucifié Jésus était proche de la ville, et que c'était écrit en hébreu, en latin et en grec. Alors les grands prêtres des Juifs dirent à Pilate : « N'écris pas : "Roi des Juifs" ; mais : "Cet homme a dit : Je suis le roi des Juifs." » Pilate répondit : « Ce que j'ai écrit, je l'ai écrit. » Quand les soldats eurent crucifié Jésus, ils prirent ses habits ; ils en firent quatre parts, une pour chaque soldat. Ils prirent aussi la tunique ; c'était une tunique sans couture, tissée tout d'une pièce de haut en bas. Alors ils se dirent entre eux : « Ne la déchirons pas, désignons par le sort celui qui l'aura. » Ainsi s'accomplissait la parole de l'Écriture : *Ils se sont partagé mes habits ; ils ont tiré au sort mon vêtement*. C'est bien ce que firent les soldats. Or, près de la croix de Jésus se tenaient sa mère et la sœur de sa mère, Marie, femme de Cléophas, et Marie Madeleine. Jésus, voyant sa mère, et près d'elle le disciple qu'il aimait, dit à sa mère : « Femme, voici ton fils. » Puis il dit au disciple : « Voici ta mère. » Et à partir de cette heure-là, le disciple la prit chez lui. Après cela, sachant que tout, désormais, était achevé pour que l'Écriture s'accomplisse jusqu'au bout, Jésus dit : « J'ai soif. » Il y avait là un récipient plein d'une boisson vinaigrée. On fixa donc une éponge remplie de ce vinaigre à une branche d'**hysope**, et on l'approcha de sa bouche. Quand il eut pris le vinaigre, Jésus dit : « Tout est accompli. » Puis, inclinant la tête, il remit l'esprit.

(Ici on fléchit le genou et on s'arrête un instant.)

Comme c'était le jour de la Préparation [c'est-à-dire le vendredi], il ne fallait pas laisser les corps en croix durant le **sabbat**, d'autant plus que ce sabbat était le grand jour de la Pâque. Aussi les Juifs demandèrent à Pilate qu'on enlève les corps après leur avoir brisé les jambes. Les soldats allèrent donc briser les jambes du premier, puis de l'autre homme crucifié avec Jésus. Quand ils arrivèrent à Jésus, voyant qu'il était déjà mort, ils ne lui brisèrent pas les jambes, mais un des soldats avec sa lance lui perça le côté ; et aussitôt, il en sortit du sang et de l'eau. Celui qui a vu rend témoignage, et son témoignage est véridique ; et celui-là sait qu'il dit vrai afin que vous aussi, vous croyiez. Cela, en effet, arriva pour que s'accomplisse l'Écriture : *Aucun de ses os ne sera brisé*. Un autre passage de l'Écriture dit encore : *Ils lèveront les yeux vers celui qu'ils ont transpercé*. Après cela, Joseph d'Arimathie, qui était disciple de Jésus, mais en secret par crainte des Juifs, demanda à Pilate de pouvoir enlever le corps de Jésus. Et Pilate le permit. Joseph vint donc enlever le corps de Jésus. Nicodème – celui qui, au début, était venu trouver Jésus pendant la nuit – vint lui aussi ; il apportait un mélange de myrrhe et d'aloès pesant environ cent livres. Ils prirent donc le corps de Jésus, qu'ils lièrent de linges, en employant les aromates selon la coutume juive d'ensevelir les morts. À l'endroit où Jésus avait été crucifié, il y avait un jardin et, dans ce jardin, un tombeau neuf dans lequel on n'avait encore déposé personne. À cause de la Préparation de la Pâque juive, et comme ce tombeau était proche, c'est là qu'ils déposèrent Jésus.

Les mots de la Bible

Châtiment
Punition qui frappe un coupable.

Compatir
En latin, ce mot signifie « souffrir avec ». Être compatissant, compatir au malheur de quelqu'un c'est être touché par le chagrin qu'il éprouve dans son malheur.

Grâce
C'est l'amour de Dieu donné comme un cadeau.

Miséricorde (de Dieu)
La miséricorde est l'amour de Dieu qui le pousse à pardonner.

Supplication
Prière, demande particulièrement importante.

Prétoire
Maison du gouverneur romain.

Agneau pascal
La Bible raconte que les juifs tuaient un agneau au matin de la Pâque pour remercier Dieu de les avoir sauvés.

Flageller
Battre quelqu'un avec un fouet.

Pourpre
De couleur rouge violacé.

Crucifier
Clouer quelqu'un sur une croix en bois pour le faire mourir lentement. Ce supplice était réservé aux criminels et aux esclaves qui n'étaient pas romains.

Hysope
Petit arbre qui pousse dans les régions chaudes.

Sabbat
C'est le jour de la semaine que les juifs réservent à Dieu, le samedi. Les lois religieuses leur interdisent de travailler ce jour-là.

Retourne page 15 pour poursuivre la messe.

Samedi
30 mars
2024

Veillée pascale

Dieu a fait passer son Fils de la mort à la vie.
Il nous promet qu'il nous sauvera aussi. Ce soir, nous fêtons ce passage de la nuit à la lumière. C'est Pâques, la fête de la vie.
Ce soir, nous pouvons lire jusqu'à sept textes de la Bible.
En voici quatre.

Première lecture

Lecture du livre de la Genèse

Gn1,1.26-31

Lecture brève

Dès ses premières pages, la Bible annonce que Dieu aime les hommes. Il leur donne la vie et leur confie la terre.

Au commencement, Dieu créa le ciel et la terre. Dieu dit : « Faisons l'homme à notre image, selon notre ressemblance. Qu'il soit le maître des poissons de la mer, des oiseaux du ciel, des bestiaux, de toutes les bêtes sauvages, et de toutes les bestioles qui vont et viennent sur la terre. » Dieu créa l'homme à son image, à l'image de Dieu il le créa, il les créa homme et femme. Dieu les bénit et leur dit : « Soyez **féconds** et multipliez-vous, remplissez la terre et soumettez-la. Soyez les maîtres des poissons de la mer, des oiseaux du ciel, et de tous les animaux qui vont et viennent sur la terre. » Dieu dit encore : « Je vous donne toute plante qui porte sa semence sur toute la surface de la terre, et tout arbre dont le fruit porte sa semence : telle sera votre nourriture. À tous les animaux de la terre, à tous les oiseaux du ciel, à tout ce qui va et vient sur la terre et qui a souffle de vie, je donne comme nourriture toute herbe verte. » Et ce fut ainsi. Et Dieu vit tout ce qu'il avait fait ; et voici : cela était très bon. Il y eut un soir, il y eut un matin : sixième jour.

Psaume

Ps 103

Ô Seigneur, envoie ton Esprit qui renouvelle la face de la terre !

Bénis le Seigneur, ô mon âme ;
Seigneur mon Dieu, tu es si grand !
Revêtu de magnificence,
tu as pour manteau la lumière !

Tu as donné son assise à la terre :
qu'elle reste inébranlable au cours des temps.
Tu l'as vêtue de l'abîme des mers :
les eaux couvraient même les montagnes.

Dans les ravins tu fais jaillir des sources
et l'eau chemine aux creux des montagnes.
Les oiseaux séjournent près d'elle :
dans le feuillage on entend leurs cris.

De tes demeures tu abreuves les montagnes,
et la terre se rassasie du fruit de tes œuvres ;
tu fais pousser les prairies pour les troupeaux,
et les champs pour l'homme qui travaille.

Quelle profusion dans tes œuvres, Seigneur !
Tout cela, ta sagesse l'a fait ;
la terre s'emplit de tes biens.
Bénis le Seigneur, ô mon âme !

Deuxième lecture

Lecture du livre de l'Exode

Ex 14,15–15,1

Dieu a libéré le peuple d'Israël, esclave en Égypte. Cet épisode nous concerne : Dieu veut nous libérer du mal et de la mort.

En ces jours-là, le Seigneur dit à **Moïse** : « Pourquoi crier vers moi ? Ordonne aux fils d'Israël de se mettre en route ! Toi, lève ton bâton, étends le bras sur la mer, fends-la en deux, et que les fils d'Israël entrent au milieu de la mer à pied sec. Et moi, je ferai en sorte que les Égyptiens s'obstinent : ils y entreront derrière eux ; je me glorifierai aux dépens de Pharaon et de toute son armée, de ses chars et de ses guerriers. Les **Égyptiens** sauront que je suis le Seigneur, quand je me serai glorifié aux dépens de Pharaon, de ses chars et de ses guerriers. » L'**ange de Dieu**, qui marchait en avant d'Israël, se déplaça et marcha à l'arrière. La colonne de nuée se déplaça depuis l'avant-garde et vint se tenir à l'arrière, entre le camp des Égyptiens et le camp d'Israël. Cette **nuée** était à la fois ténèbres et lumière dans la nuit, si bien que, de toute la nuit, ils ne purent se rencontrer. Moïse étendit le bras sur la mer. Le Seigneur chassa la mer toute la nuit par un fort vent d'est ; il mit la mer à sec, et les eaux se fendirent. Les fils d'Israël entrèrent au milieu de la mer à pied sec, les eaux formant une muraille à leur droite et à leur gauche. Les Égyptiens les poursuivirent ; tous les chevaux de Pharaon, ses chars et ses guerriers entrèrent derrière eux jusqu'au milieu de la mer. Aux dernières heures de la nuit, le Seigneur observa, depuis la colonne de feu et de nuée, l'armée des Égyptiens, et il la frappa de panique. Il faussa les roues de leurs chars, et ils eurent beaucoup de peine à les conduire. Les Égyptiens s'écrièrent : « Fuyons devant Israël, car c'est le Seigneur qui combat pour eux contre nous ! » Le Seigneur dit à Moïse : « Étends le bras sur la mer : que les eaux reviennent sur les Égyptiens, leurs chars et leurs guerriers ! » Moïse étendit le bras sur la mer. Au point du jour, la mer reprit sa place ; dans leur fuite, les Égyptiens s'y heurtèrent, et le Seigneur les précipita au milieu de la mer. Les eaux refluèrent et recouvrirent les chars et les guerriers, toute l'armée de Pharaon qui était entrée dans la mer à la poursuite d'Israël. Il n'en resta pas un seul. Mais les fils d'Israël avaient marché à pied sec au milieu de la mer, les eaux formant une muraille à leur droite et à leur gauche. Ce jour-là, le Seigneur sauva Israël de la main de l'Égypte, et Israël vit les Égyptiens morts sur le bord de la mer. Israël vit avec quelle main puissante le Seigneur avait agi contre l'Égypte. Le peuple craignit le Seigneur, il mit sa foi dans le Seigneur et dans son serviteur Moïse. Alors Moïse et les fils d'Israël chantèrent ce cantique au Seigneur :

Cantique Cantique du livre de l'Exode

Ex 15, 1-6, 17-18

Chantons pour le Seigneur ! Éclatante est sa gloire !

Je chanterai pour le Seigneur !
Éclatante est sa gloire :
il a jeté dans la mer
cheval et cavalier.

Ma force et mon chant, c'est le Seigneur :
il est pour moi le salut.
Il est mon Dieu, je le célèbre ;
j'exalte le Dieu de mon père.

Le Seigneur est le guerrier des combats ;
son nom est « Le Seigneur ».
Les chars du Pharaon et ses armées, il les lance dans la mer.
L'élite de leurs chefs a sombré dans la mer Rouge.

L'abîme les recouvre :
ils descendent, comme la pierre, au fond des eaux.
Ta droite, Seigneur, magnifique en sa force,
ta droite, Seigneur, écrase l'ennemi.

Tu les amènes, tu les plantes sur la montagne, ton héritage,
le lieu que tu as fait, Seigneur, pour l'habiter,
le sanctuaire, Seigneur, fondé par tes mains.
Le Seigneur régnera pour les siècles des siècles.

Troisième lecture — Lecture du livre d'Isaïe

Is 55, 1-11

Le Seigneur invite le peuple d'Israël à se confier à lui : « Venez à moi et vous vivrez ! »

Ainsi parle le Seigneur : Vous tous qui avez soif, venez, voici de l'eau ! Même si vous n'avez pas d'argent, venez acheter et consommer, venez acheter du vin et du lait sans argent, sans rien payer. Pourquoi dépenser votre argent pour ce qui ne nourrit pas, vous fatiguer pour ce qui ne rassasie pas ? Écoutez-moi bien, et vous mangerez de bonnes choses, vous vous régalerez de viandes savoureuses ! Prêtez l'oreille ! Venez à moi ! Écoutez, et vous vivrez. Je m'engagerai envers vous par une **alliance** éternelle : ce sont les bienfaits garantis à **David**. Lui, j'en ai fait un témoin pour les peuples, pour les peuples, un guide et un chef. Toi, tu appelleras une nation inconnue de toi ; une nation qui ne te connaît pas accourra vers toi, à cause du Seigneur ton Dieu, à cause du Saint d'Israël, car il fait ta splendeur. Cherchez le Seigneur tant qu'il se laisse trouver ; invoquez-le tant qu'il est proche. Que le méchant abandonne son chemin, et l'homme perfide, ses pensées ! Qu'il revienne vers le Seigneur qui lui montrera sa miséricorde, vers notre Dieu qui est riche en pardon. Car mes pensées ne sont pas vos pensées, et vos chemins ne sont pas mes chemins, – oracle du Seigneur. Autant le ciel est élevé au-dessus de la terre, autant mes chemins sont élevés au-dessus de vos chemins, et mes pensées, au-dessus de vos pensées. La pluie et la neige qui descendent des cieux n'y retournent pas sans avoir abreuvé la terre, sans l'avoir fécondée et l'avoir fait germer, donnant la semence au semeur et le pain à celui qui doit manger ; ainsi ma parole, qui sort de ma bouche, ne me reviendra pas sans résultat, sans avoir fait ce qui me plaît, sans avoir accompli sa mission.

Cantique Is 12,3

Exultant de joie, vous puiserez les eaux aux sources du salut !

Voici le Dieu qui me sauve :
j'ai confiance, je n'ai plus de crainte.
Ma force et mon chant, c'est le Seigneur ;
il est pour moi le salut.

Rendez grâce au Seigneur,
proclamez son nom,
annoncez parmi les peuples ses hauts faits !
Redites-le : « Sublime est son nom ! »

Jouez pour le Seigneur, il montre sa magnificence,
et toute la terre le sait.
Jubilez, criez de joie, habitants de Sion,
car il est grand au milieu de toi, le Saint d'Israël !

Épître Lettre de saint Paul apôtre aux Romains

Rm 6,3-11

Écoutons la chance que nous avons : Dieu nous a déjà sauvés. Par le baptême, il nous a fait passer de la mort à la vie.

F**rères**, nous tous qui par le baptême avons été unis au Christ Jésus, c'est à sa mort que nous avons été unis par le baptême. Si donc, par le baptême qui nous unit à sa mort, nous avons été mis au tombeau avec lui, c'est pour que nous menions une vie nouvelle, nous aussi, comme le Christ qui, par la toute-puissance du Père, est ressuscité d'entre les morts. Car, si nous avons été unis à lui par une mort qui ressemble à la sienne, nous le serons aussi par une résurrection qui ressemblera à la sienne. Nous le savons : **l'homme ancien** qui est en nous a été fixé à la croix avec lui pour que le corps du péché soit réduit à rien, et qu'ainsi nous ne soyons plus esclaves du péché. Car celui qui est mort est **affranchi** du péché. Et si nous sommes passés par la mort avec le Christ, nous croyons que nous vivrons aussi avec lui. Nous le savons en effet : ressuscité d'entre les morts, le Christ ne meurt plus ; la mort n'a plus de pouvoir sur lui. Car lui qui est mort, c'est au péché qu'il est mort une fois pour toutes ; lui qui est vivant, c'est pour Dieu qu'il est vivant. De même, vous aussi, pensez que vous êtes morts au péché, mais vivants pour Dieu en Jésus Christ.

Psaume Ps 117

Alléluia, alléluia, alléluia !

Rendez grâce au Seigneur : Il est bon !
Éternel est son amour !
Oui, que le dise Israël :
Éternel est son amour !

Le bras du Seigneur se lève,
le bras du Seigneur est fort !
Non, je ne mourrai pas, je vivrai
pour annoncer les actions du Seigneur.

La pierre qu'ont rejetée les bâtisseurs
est devenue la pierre d'angle :
c'est là l'œuvre du Seigneur,
la merveille devant nos yeux.

Évangile — Évangile de Jésus Christ selon saint Marc

Mc 16,1-7

Pour les amis de Jésus, tout est fini : le Christ est mort. Pourtant une grande surprise les attend au tombeau.

Le sabbat terminé, **Marie Madeleine**, Marie, mère de Jacques, et Salomé achetèrent des parfums pour aller embaumer le corps de Jésus. De grand matin, le premier jour de la semaine, elles se rendent au tombeau dès le lever du soleil. Elles se disaient entre elles : « Qui nous roulera la pierre pour dégager l'entrée du tombeau ? » Levant les yeux, elles s'aperçoivent qu'on a roulé la pierre, qui était pourtant très grande. En entrant dans le tombeau, elles virent, assis à droite, un jeune homme vêtu de blanc. Elles furent saisies de frayeur. Mais il leur dit : « Ne soyez pas effrayées ! Vous cherchez Jésus de Nazareth, le Crucifié ? Il est **ressuscité** : il n'est pas ici. Voici l'endroit où on l'avait déposé. Et maintenant, allez dire à ses disciples et à Pierre : "Il vous précède en **Galilée**. Là vous le verrez, comme il vous l'a dit." »

Les mots de la Bible

Fécond
Qui a beaucoup d'enfants.

Moïse
C'était un grand chef du peuple hébreu à qui Dieu a donné sa Loi. Moïse a libéré son peuple qui était esclave des Égyptiens et l'a conduit jusqu'à la Terre promise par Dieu.

Égyptien
Habitant de l'Égypte.
Au temps de Moïse, le peuple d'Israël était esclave des Égyptiens.

Ange de Dieu
Un messager de Dieu.

Nuée
Nuage étrange qui fait de l'ombre et de la lumière.
Il indique la présence de Dieu.

Alliance
C'est le pacte d'amitié que Dieu fait avec le peuple d'Israël depuis Noé et Abraham.
Il lui promet de ne jamais l'abandonner et le peuple promet de suivre sa loi.

David
Grand roi d'Israël dont le nom signifie « bien-aimé ».

Frères
C'est le nom que se donnaient les premiers chrétiens.

Homme ancien
C'est l'homme avec son péché.
Quand on est baptisé, on devient un homme nouveau.

Affranchi
Un esclave que son maître libère est affranchi.

Marie Madeleine
Elle faisait partie du groupe d'amis de Jésus qui le suivaient sur les routes.
Elle est la première à apprendre la grande nouvelle :
Jésus est passé de la mort à la vie.

Ressuscité
Réveillé, relevé.
Dieu a répondu à la confiance de Jésus en le réveillant de la mort et en lui donnant une vie nouvelle et sans fin. Et Jésus Christ nous fait cette promesse : Dieu nous ressuscitera comme il l'a ressuscité.

Galilée
C'était l'une des trois principales régions de la Palestine.
Jésus y a donné rendez-vous à ses disciples pour qu'ils parlent de lui à tous les peuples.

Retourne page 15 pour poursuivre la messe.

31 mars
2024

Dimanche de Pâques

Réjouissons-nous en ce jour de Pâques !
Dieu a ressuscité Jésus pour toujours.
La mort a cessé d'être la fin de tout. Cette grande nouvelle
est arrivée jusqu'à nous. Vite, partageons-la !

Première lecture

Lecture du livre des Actes des apôtres

Ac 10,34.37-43

L'apôtre Pierre vient témoigner de la résurrection du Christ.

En ces jours-là, quand Pierre arriva à Césarée chez un centurion de l'armée romaine, il prit la parole et dit : « Vous savez ce qui s'est passé à travers tout le pays des Juifs, depuis les commencements en Galilée, après le baptême proclamé par Jean : Jésus de Nazareth, Dieu lui a donné l'onction d'Esprit Saint et de puissance. Là où il passait, il faisait le bien et guérissait tous ceux qui étaient sous le pouvoir du diable, car Dieu était avec lui. Et nous, nous sommes témoins de tout ce qu'il a fait dans le pays des Juifs et à Jérusalem. Celui qu'ils ont supprimé en le suspendant au bois du supplice, Dieu l'a **ressuscité** le troisième jour. Il lui a donné de se manifester, non pas à tout le peuple, mais à des témoins que Dieu avait choisis d'avance, à nous qui avons mangé et bu avec lui après sa résurrection d'entre les morts. Dieu nous a chargés d'annoncer au peuple et de témoigner que lui-même l'a établi Juge des vivants et des morts. C'est à Jésus que tous les prophètes rendent ce témoignage : Quiconque croit en lui reçoit par son nom le pardon de ses péchés. »

Psaume

Ps 117

Voici le jour que fit le Seigneur,
qu'il soit pour nous jour de fête et de joie !

Rendez grâce au Seigneur : Il est bon !
Éternel est son amour !
Oui, que le dise Israël :
Éternel est son amour !

Le bras du Seigneur se lève,
le bras du Seigneur est fort !
Non, je ne mourrai pas, je vivrai
pour annoncer les actions du Seigneur.

La pierre qu'ont rejetée les bâtisseurs
est devenue la pierre d'angle :
c'est là l'œuvre du Seigneur,
la merveille devant nos yeux.

Deuxième lecture

Lecture de la lettre de saint Paul apôtre aux Colossiens

Col 3,1-4

Le baptême fait de nous des personnes nouvelles. Ne retournons pas en arrière. Tournons notre regard vers Jésus, il nous attend pour nous donner la vie.

Frères, si vous êtes ressuscités avec le Christ, recherchez les réalités d'en haut : c'est là qu'est le Christ, assis à la droite de Dieu. Pensez aux réalités d'en haut, non à celles de la terre. En effet, vous êtes passés par la mort, et votre vie reste cachée avec le Christ en Dieu. Quand paraîtra le Christ, votre vie, alors vous aussi, vous paraîtrez avec lui dans la **gloire**.

Séquence

À la Victime pascale,
chrétiens, offrez le sacrifice de louange.

L'Agneau a racheté les brebis ;
le Christ innocent a réconcilié
l'homme pécheur avec le Père.

La mort et la vie s'affrontèrent
en un duel prodigieux.
Le Maître de la vie mourut ; vivant, il règne.

« Dis-nous, Marie Madeleine,
qu'as-tu vu en chemin ? »
« J'ai vu le sépulcre du Christ vivant,
j'ai vu la gloire du Ressuscité.

J'ai vu les anges ses témoins,
le suaire et les vêtements.
Le Christ, mon espérance, est ressuscité !
Il vous précédera en Galilée. »

Nous le savons : le Christ
est vraiment ressuscité des morts.
Roi victorieux,
prends-nous tous en pitié !

Amen

Évangile — Évangile de Jésus Christ selon saint Jean

Jn 20,1-9

**Trois jours après sa mort,
le corps de Jésus n'est plus dans son tombeau.
Jésus est ressuscité ! Il est vivant !**

Le premier jour de la semaine, Marie Madeleine se rend au tombeau de grand matin ; c'était encore les **ténèbres**. Elle s'aperçoit que la pierre a été enlevée du tombeau. Elle court donc trouver Simon-Pierre et l'autre disciple, celui que Jésus aimait, et elle leur dit : « On a enlevé le Seigneur de son tombeau, et nous ne savons pas où on l'a déposé. » Pierre partit donc avec l'autre disciple pour se rendre au tombeau. Ils couraient tous les deux ensemble, mais l'autre disciple courut plus vite que Pierre et arriva le premier au tombeau. En se penchant, il s'aperçoit que les linges sont posés à plat ; cependant il n'entre pas. Simon-Pierre, qui le suivait, arrive à son tour. Il entre dans le tombeau ; il aperçoit les linges, posés à plat, ainsi que le **suaire** qui avait entouré la tête de Jésus, non pas posé avec les linges, mais roulé à part à sa place. C'est alors qu'entra l'autre disciple, lui qui était arrivé le premier au tombeau. Il vit, et il crut. Jusque-là, en effet, les disciples n'avaient pas compris que, selon l'Écriture, il fallait que Jésus ressuscite d'entre les morts.

Les mots de la Bible

Ressuscité
Réveillé, relevé.
Dieu a répondu à la confiance de Jésus en le réveillant de la mort et en lui donnant une vie nouvelle et sans fin. Et Jésus Christ nous fait cette promesse : Dieu nous ressuscitera comme il l'a ressuscité.

Gloire (du Seigneur)
« Ce qui a du poids », en hébreu. On l'emploie dans la Bible pour dire l'importance d'une personne.

Ténèbres
Absence totale de lumière.

Suaire
Linge qui enveloppe le corps d'un mort.

Retourne page 15 pour poursuivre la messe.

7 avril 2024

2e dimanche de Pâques ou de la Divine Miséricorde

Dimanche dernier, nous avons célébré la victoire de Dieu sur la mort. Cet événement est tellement important pour nous que nous prenons le temps de le fêter pendant cinquante jours. C'est le temps de Pâques.

Première lecture

Lecture du livre des Actes des apôtres

Ac 4,32-35

Quand on comprend que Jésus est vivant, tout change ! C'est ce qui s'est passé pour les premiers chrétiens. Leur vie est devenue plus juste.

La multitude de ceux qui étaient devenus croyants avait un seul cœur et une seule âme ; et personne ne disait que ses biens lui appartenaient en propre, mais ils avaient tout en commun. C'est avec une grande puissance que les **apôtres** rendaient **témoignage** de la résurrection du Seigneur Jésus, et une **grâce** abondante reposait sur eux tous. Aucun d'entre eux n'était dans l'indigence, car tous ceux qui étaient propriétaires de domaines ou de maisons les vendaient, et ils apportaient le montant de la vente pour le déposer aux pieds des apôtres ; puis on le distribuait en fonction des besoins de chacun.

Psaume

Ps 117

Rendez grâce au Seigneur : Il est bon !
Éternel est son amour ! ou : Alléluia !

Oui, que le dise Israël :
Éternel est son amour !
Que le dise la maison d'Aaron :
Éternel est son amour !
Qu'ils le disent, ceux qui craignent le Seigneur :
Éternel est son amour !

Le bras du Seigneur se lève,
le bras du Seigneur est fort !
Non, je ne mourrai pas, je vivrai
pour annoncer les actions du Seigneur.
Il m'a frappé, le Seigneur, il m'a frappé,
mais sans me livrer à la mort.

La pierre qu'ont rejetée les bâtisseurs
est devenue la pierre d'angle :
c'est là l'œuvre du Seigneur,
la merveille devant nos yeux.
Voici le jour que fit le Seigneur,
qu'il soit pour nous jour de fête et de joie !

Deuxième lecture — Lecture de la première lettre de saint Jean

1 Jn 5,1-6

Chacun est né d'un père et d'une mère. Pourtant, saint Jean parle de gens nés de Dieu. Qui sont-ils ? Comment en faire partie ?

Bien-aimés, celui qui croit que Jésus est le **Christ**, celui-là est né de Dieu ; celui qui aime le Père qui a engendré aime aussi le Fils qui est né de lui. Voici comment nous reconnaissons que nous aimons les enfants de Dieu : lorsque nous aimons Dieu et que nous accomplissons ses commandements. Car tel est l'amour de Dieu : garder ses commandements ; et ses commandements ne sont pas un fardeau, puisque tout être qui est né de Dieu est vainqueur du monde. Or la victoire remportée sur le monde, c'est notre foi. Qui donc est vainqueur du monde ? N'est-ce pas celui qui croit que Jésus est le **Fils de Dieu** ? C'est lui, Jésus Christ, qui est venu par l'eau et par le sang : non pas seulement avec l'eau, mais avec l'eau et avec le sang. Et celui qui rend témoignage, c'est l'Esprit, car l'Esprit est la vérité.

Évangile — Évangile de Jésus Christ selon saint Jean

Jn 20,19-31

Thomas ne croit pas ses amis. Ils lui disent avoir vu Jésus vivant ! Mais, dès que Thomas voit Jésus, tout s'éclaire ! À son tour, il devient témoin de la Résurrection.

C'était après la mort de Jésus. Le soir venu, en ce premier jour de la semaine, alors que les portes du lieu où se trouvaient les disciples étaient verrouillées par crainte des Juifs, Jésus vint, et il était là au milieu d'eux. Il leur dit : « **La paix soit avec vous** ! » Après cette parole, il leur montra ses mains et son côté. Les disciples furent remplis de joie en voyant le Seigneur. Jésus leur dit de nouveau : « La paix soit avec vous ! De même que le Père m'a envoyé, moi aussi, je vous envoie. » Ayant ainsi parlé, il souffla sur eux et il leur dit : « Recevez l'Esprit Saint. À qui vous remettrez ses péchés, ils seront remis ; à qui vous maintiendrez ses péchés, ils seront maintenus. » Or, l'un des Douze, Thomas, appelé Didyme (c'est-à-dire Jumeau), n'était pas avec eux quand Jésus était venu. Les autres disciples lui disaient : « Nous avons vu le Seigneur ! » Mais il leur déclara : « Si je ne **vois** pas dans ses mains la marque des clous, si je ne mets pas mon doigt dans la marque des clous, si je ne mets pas la main dans son côté, non, je ne croirai pas ! » Huit jours plus tard, les disciples se trouvaient de nouveau dans la maison, et Thomas était avec eux. Jésus vient, alors que les portes étaient verrouillées, et il était là au milieu d'eux. Il dit : **« La paix soit avec vous ! »** Puis il dit à Thomas : « Avance ton doigt ici, et vois mes mains ; avance ta main, et mets-la dans mon côté : cesse d'être incrédule, **sois croyant**. » Alors Thomas lui dit : « **Mon Seigneur** et mon Dieu ! » Jésus lui dit : « Parce que tu m'as vu, tu crois. Heureux ceux qui croient sans avoir vu. » Il y a encore beaucoup d'autres signes que Jésus a faits en présence des disciples et qui ne sont pas écrits dans ce livre. Mais ceux-là ont été écrits pour que vous croyiez que Jésus est le Christ, le Fils de Dieu, et pour qu'en croyant, vous ayez la vie en son nom.

Les mots de la Bible

Apôtres
Ce sont les douze hommes que Jésus a choisis parmi ses disciples. Il les a envoyés pour annoncer la Bonne Nouvelle.

Témoignage
Porter témoignage, c'est dire ce qui s'est passé par des gestes et des paroles.

Grâce
Ce mot veut dire don, cadeau. Dieu donne sa force aux hommes, sa grâce.

Christ, Messie
Ces mots désignent le roi qui « a reçu sur la tête l'huile parfumée » pour être au service de Dieu. Nous donnons ces noms à Jésus.

Fils de Dieu
Cette expression désigne Jésus.

« La paix soit avec vous »
Nous redisons cette parole à la messe avant la communion.

Voir
Thomas n'arrivait pas à croire ce que les disciples lui disaient. Il voulait voir Jésus. Et voilà que Jésus ressuscité est là, devant lui. Alors Thomas comprend que Jésus est le Seigneur. Thomas va donc plus loin que ce qu'il voit. Ce qui compte, c'est ce qu'il croit. Et il n'a pas besoin d'yeux pour cela !

« Sois croyant »
Comme Thomas, nous hésitons à croire dur comme fer que Jésus est vivant. Et à nous aussi, Jésus dit : « Sois croyant. » Être croyant, c'est d'abord faire confiance aux apôtres qui ont dit : « Nous l'avons vu de nos yeux ! » C'est aussi chercher dans notre vie des traces de Jésus vivant. Car il est présent à travers tout ce qui est beau, juste et charitable.

Mon Seigneur
En disant ces mots, Thomas reconnaît que Jésus est Dieu.

Retourne page 15 pour poursuivre la messe.

14
avril
2024

3e dimanche de Pâques

Nous sommes toujours dans le temps de Pâques.
Les lectures d'aujourd'hui continuent de l'affirmer :
oui, Jésus est vraiment ressuscité, il est bien vivant
pour toujours. Alors, n'ayons plus de doutes !

Première lecture

Lecture du livre des Actes des apôtres

Ac 3,13-15.17-19

L'apôtre Pierre vient de guérir un paralysé au nom de Jésus. Devant la foule, Pierre affirme avec force que Jésus est ressuscité.

En ces jours-là, devant le peuple, Pierre prit la parole : « Hommes d'Israël, le Dieu d'**Abraham, d'Isaac et de Jacob**, le Dieu de nos pères, a glorifié son serviteur Jésus, alors que vous, vous l'aviez livré, vous l'aviez renié en présence de Pilate qui était décidé à le relâcher. Vous avez renié le Saint et le Juste, et vous avez demandé qu'on vous accorde la grâce d'un meurtrier. Vous avez tué le Prince de la vie, lui que Dieu a ressuscité d'entre les morts, nous en sommes témoins. D'ailleurs, frères, je sais bien que vous avez agi dans l'ignorance, vous et vos chefs. Mais Dieu a ainsi accompli ce qu'il avait d'avance annoncé par la bouche de tous les **prophètes** : que le Christ, son Messie, souffrirait. **Convertissez-vous** donc et tournez-vous vers Dieu pour que vos **péchés** soient effacés. »

Psaume

Ps 4

Sur nous, Seigneur, que s'illumine ton visage !
ou : Alléluia !

Quand je crie, réponds-moi,
Dieu, ma justice !
Toi qui me libères dans la détresse,
pitié pour moi, écoute ma prière !

Sachez que le Seigneur a mis à part son fidèle,
le Seigneur entend quand je crie vers lui.
Beaucoup demandent : « Qui nous fera voir le bonheur ? »
Sur nous, Seigneur, que s'illumine ton visage !

Dans la paix moi aussi,
je me couche et je dors,
car tu me donnes d'habiter,
Seigneur, seul, dans la confiance.

Deuxième lecture — Lecture de la première lettre de saint Jean

1 Jn 2,1-5a

Saint Jean nous dit de ne pas nous décourager : Jésus est de notre côté même s'il nous arrive de l'oublier un peu.

Mes petits enfants, je vous écris cela pour que vous évitiez le péché. Mais si l'un de nous vient à pécher, nous avons un défenseur devant le Père : Jésus Christ, le Juste. C'est lui qui, par son sacrifice, obtient le pardon de nos péchés, non seulement des nôtres, mais encore de ceux du monde entier. Voici comment nous savons que nous le connaissons : si nous gardons ses commandements. Celui qui dit : « Je le connais », et qui ne garde pas ses commandements, est un menteur : la vérité n'est pas en lui. Mais en celui qui garde sa parole, l'amour de Dieu atteint vraiment la perfection.

Évangile — Évangile de Jésus Christ selon saint Luc

Lc 24,35-48

Les disciples n'osent pas y croire : Jésus est bien là devant eux ! Et il leur fait comprendre ceci : maintenant c'est en se rappelant ses paroles qu'ils pourront reconnaître sa présence dans leurs vies.

En ce temps-là, les disciples qui rentraient d'Emmaüs racontaient aux onze apôtres et à leurs compagnons ce qui s'était passé sur la route, et comment le Seigneur s'était fait reconnaître par eux à la fraction du pain. Comme ils en parlaient encore, lui-même fut présent au milieu d'eux, et leur dit : « La paix soit avec vous ! » Saisis de frayeur et de crainte, ils croyaient voir un **esprit**. Jésus leur dit : « Pourquoi êtes-vous bouleversés ? Et pourquoi ces pensées qui surgissent dans votre cœur ? Voyez mes mains et mes pieds : c'est bien moi ! Touchez-moi, regardez : un esprit n'a pas de chair ni d'os comme vous constatez que j'en ai. » Après cette parole, il leur montra ses mains et ses pieds. Dans leur joie, ils n'osaient pas encore y croire, et restaient saisis d'étonnement. Jésus leur dit : « Avez-vous ici quelque chose à manger ? » Ils lui présentèrent une part de poisson grillé qu'il prit et mangea devant eux. Puis il leur déclara : « Voici les paroles que je vous ai dites quand j'étais encore avec vous : "Il faut que s'accomplisse tout ce qui a été écrit à mon sujet dans **la loi de Moïse, les Prophètes et les Psaumes**." » Alors il ouvrit leur intelligence à la compréhension des Écritures. Il leur dit : « Ainsi est-il écrit que le Christ souffrirait, qu'il ressusciterait d'entre les morts le troisième jour, et que la conversion serait proclamée en son nom, pour le pardon des péchés, à toutes les nations, en commençant par Jérusalem. À vous d'en être les **témoins**. »

Les mots de la Bible

Abraham, Isaac et Jacob
Les premiers ancêtres du peuple d'Israël.

Prophète
Dans la Bible, c'est une personne inspirée par Dieu et qui communique sa parole.

Se convertir
Cela veut dire « se tourner vers ». Quand une personne se convertit, elle se tourne vers Dieu.

Péché
C'est tout ce qui nous éloigne de Dieu et des autres, par exemple quand nous faisons exprès du mal à quelqu'un.

Esprit
Ici, c'est un fantôme. À ne pas confondre avec l'Esprit de Dieu.

Loi de Moïse, prophètes, psaumes
Ce sont tous les livres de l'Ancien Testament. On dit aussi les Écritures. Ils annoncent la venue d'un Messie.

Témoin
Un témoin est une personne qui a vécu un événement important et qui peut en parler. Les apôtres ont vécu avec Jésus. Ils ont cru en lui. Il s'est montré à eux vivant après sa mort. Jésus leur a dit : « Vous êtes mes témoins. » Grâce à eux, nous entendons parler de Dieu. Maintenant, à nous de jouer pour faire connaître Jésus à notre tour.

Retourne page 15 pour poursuivre la messe.

21
avril
2024

4e dimanche de Pâques

Quelle chance de savoir que, là où nous sommes, Dieu prend soin de nous. Les lectures d'aujourd'hui nous aident à mieux comprendre comment.

Première lecture

Lecture du livre des Actes des apôtres

Ac 4,8-12

Pierre l'affirme bien fort devant tout le monde : Jésus est une pierre solide sur laquelle nous pouvons construire notre vie !

En ces jours-là, Pierre, rempli de l'**Esprit Saint**, déclara : « Chefs du peuple et anciens, nous sommes interrogés aujourd'hui pour avoir fait du bien à un infirme, et l'on nous demande comment cet homme a été sauvé. Sachez-le donc, vous tous, ainsi que tout le peuple d'Israël : c'est par le nom de Jésus le Nazaréen, lui que vous avez **crucifié** mais que Dieu a **ressuscité** d'entre les morts, c'est par lui que cet homme se trouve là, devant vous, bien portant. Ce Jésus est la pierre méprisée de vous, les bâtisseurs, mais devenue la **pierre d'angle**. En nul autre que lui, il n'y a de **salut**, car, sous le ciel, aucun autre nom n'est donné aux hommes, qui puisse nous sauver. »

Psaume

Ps 117

La pierre qu'ont rejetée les bâtisseurs est devenue la pierre d'angle.
ou : Alléluia !

Rendez grâce au Seigneur : Il est bon !
Éternel est son amour !
Mieux vaut s'appuyer sur le Seigneur
que de compter sur les hommes ;
mieux vaut s'appuyer sur le Seigneur
que de compter sur les puissants !

Je te rends grâce car tu m'as exaucé :
tu es pour moi le salut.
La pierre qu'ont rejetée les bâtisseurs
est devenue la pierre d'angle :
c'est là l'œuvre du Seigneur,
la merveille devant nos yeux.

Béni soit au nom du Seigneur celui qui vient !
De la maison du Seigneur, nous vous bénissons !
Tu es mon Dieu, je te rends grâce,
mon Dieu, je t'exalte !
Rendez grâce au Seigneur : Il est bon !
Éternel est son amour !

Deuxième lecture — Lecture de la première lettre de saint Jean

1 Jn 3,1-2

Saint Jean nous dit que Dieu nous aime à la folie ! Nous sommes ses enfants et, un jour, nous serons comme son fils Jésus.

Bien-aimés, voyez quel grand amour nous a donné le Père pour que nous soyons appelés enfants de Dieu – et nous le sommes. Voici pourquoi le monde ne nous connaît pas : c'est qu'il n'a pas connu Dieu. Bien-aimés, dès maintenant, nous sommes enfants de Dieu, mais ce que nous serons n'a pas encore été manifesté. Nous le savons : quand cela sera manifesté, nous lui serons semblables car nous le verrons tel qu'il est.

Évangile — Évangile de Jésus Christ selon saint Jean

Jn 10,11-18

Un berger n'hésite pas à se battre pour sauver ses brebis. Jésus fait pareil. Il nous demande de lui faire confiance car il nous guide comme un berger.

En ce temps-là, Jésus déclara : « Moi, je suis **le bon pasteur**, le vrai berger, qui donne sa vie pour ses brebis. Le berger **mercenaire** n'est pas le pasteur, les brebis ne sont pas à lui : s'il voit venir le loup, il abandonne les brebis et s'enfuit ; le loup s'en empare et les disperse. Ce berger n'est qu'un mercenaire, et les brebis ne comptent pas vraiment pour lui. Moi, je suis le bon pasteur ; je connais mes brebis, et mes brebis me connaissent, comme le Père me connaît, et que je connais le Père ; et je donne ma vie pour mes brebis. J'ai encore d'autres brebis, qui ne sont pas de cet enclos : celles-là aussi, il faut que je les conduise. Elles écouteront ma voix : il y aura un seul troupeau et un seul pasteur. Voici pourquoi le Père m'aime : parce que je donne ma vie, pour la recevoir de nouveau. Nul ne peut me l'enlever : je la donne de moi-même. J'ai le pouvoir de la donner, j'ai aussi le pouvoir de la recevoir de nouveau : voilà le commandement que j'ai reçu de mon Père. »

Les mots de la Bible

Esprit Saint
Force de Dieu,
présence mystérieuse
qui agit en chaque homme.

Crucifier
Clouer quelqu'un sur une croix en bois pour le faire mourir lentement. Ce supplice était réservé aux criminels et aux esclaves qui n'étaient pas romains.

Ressuscité
Réveillé, relevé. Dieu a répondu à la confiance de Jésus en le réveillant de la mort et en lui donnant une vie nouvelle et sans fin. Et Jésus Christ nous fait cette promesse :
Dieu nous ressuscitera comme il l'a ressuscité.

Pierre d'angle
Pierre qu'on place à l'angle d'un mur et qui le soutient.

Salut
C'est l'action de sauver quelqu'un. Jésus est celui qui nous sauve du mal et de la mort. Au-delà de la mort, il nous donne une vie nouvelle.

Le bon pasteur
Un pasteur est un berger.
Le bon pasteur aime ses brebis.
Il les connaît et il ne ménage pas sa peine pour s'en occuper.
Jésus est le Bon Pasteur ;
il se fait connaître avec patience.
Son seul souci est de prendre soin de chacun de nous.
Il a pour mission de rassembler et de conduire les hommes vers Dieu ; non seulement les chrétiens mais ceux qui ne le connaissent pas encore.

Mercenaire
C'est une personne qui travaille au service d'une autre uniquement pour de l'argent.

Retourne page 15 pour poursuivre la messe.

28 avril 2024

5e dimanche de Pâques

Depuis deux mille ans, des millions de gens sont devenus chrétiens. Pourquoi ? Parce qu'ils ont découvert que Jésus était essentiel pour eux, comme la sève pour la vigne.

Première lecture

Lecture du livre des Actes des apôtres

Ac 9,26-31

**Paul était un ennemi des chrétiens.
Mais il a rencontré Jésus ressuscité. Il est devenu un disciple.
Comment les autres disciples l'ont-ils accueilli ?**

En ces jours-là, arrivé à **Jérusalem**, Saul cherchait à se joindre aux disciples, mais tous avaient peur de lui, car ils ne croyaient pas que lui aussi était un disciple. Alors Barnabé le prit avec lui et le présenta aux apôtres ; il leur raconta comment, sur le chemin, Saul avait vu le Seigneur, qui lui avait parlé, et comment, à Damas, il s'était exprimé avec assurance au nom de Jésus. Dès lors, Saul allait et venait dans Jérusalem avec eux, s'exprimant avec assurance au nom du Seigneur. Il parlait aux Juifs de langue grecque, et discutait avec eux. Mais ceux-ci cherchaient à le supprimer. Mis au courant, les **frères** l'accompagnèrent jusqu'à Césarée et le firent partir pour Tarse. L'Église était en paix dans toute la **Judée**, la **Galilée** et la **Samarie** ; elle se construisait et elle marchait dans la **crainte du Seigneur** ; réconfortée par l'Esprit Saint, elle se multipliait.

Psaume

Ps 21

**Tu seras ma louange, Seigneur,
dans la grande assemblée.
ou : Alléluia !**

Devant ceux qui te craignent, je tiendrai mes promesses.
Les pauvres mangeront : ils seront rassasiés ;
ils loueront le Seigneur, ceux qui le cherchent :
« À vous, toujours, la vie et la joie ! »

La terre entière se souviendra et reviendra vers le Seigneur,
chaque famille de nations se prosternera devant lui :
« Oui, au Seigneur la royauté,
le pouvoir sur les nations ! »

Et moi, je vis pour lui : ma descendance le servira ;
on annoncera le Seigneur aux générations à venir.
On proclamera sa justice au peuple qui va naître :
Voilà son œuvre !

Deuxième lecture

Lecture de la première lettre de saint Jean

1 Jn 3,18-24

**Pour être unis à Dieu, c'est tout simple.
Il faut croire en Jésus Christ et aimer les autres.**

Petits enfants, n'aimons pas en paroles ni par des discours, mais par des actes et en vérité. Voilà comment nous reconnaîtrons que nous appartenons à la vérité, et devant Dieu nous apaiserons notre cœur ; car si notre cœur nous accuse, Dieu est plus grand que notre cœur, et il connaît toutes choses. Bien-aimés, si notre cœur ne nous accuse pas, nous avons de l'assurance devant Dieu. Quoi que nous demandions à Dieu, nous le recevons de lui, parce que nous gardons ses commandements, et que nous faisons ce qui est agréable à ses yeux. Or, voici son commandement : mettre notre foi dans le nom de son Fils Jésus Christ, et nous aimer les uns les autres comme il nous l'a commandé. Celui qui garde ses commandements demeure en Dieu, et Dieu en lui ; et voilà comment nous reconnaissons qu'il demeure en nous, puisqu'il nous a donné part à son Esprit.

Évangile

Évangile de Jésus Christ selon saint Jean

Jn 15,1-8

**Jésus laisse un message à tous ceux qui veulent le suivre :
ils peuvent se brancher sur lui, exactement
comme les branches de la vigne qui s'accrochent au tronc,
se nourrissent de sève et donnent du fruit en quantité !**

En ce temps-là, Jésus disait à ses disciples : « Moi, je suis la vraie vigne, et mon Père est le vigneron. Tout **sarment** qui est en moi, mais qui ne porte pas de **fruit**, mon Père l'enlève ; tout sarment qui porte du fruit, il le purifie en le taillant, pour qu'il en porte davantage. Mais vous, déjà vous voici purifiés grâce à la parole que je vous ai dite. Demeurez en moi, comme moi en vous. De même que le sarment ne peut pas porter de fruit par lui-même s'il ne demeure pas sur la vigne, de même vous non plus, si vous ne demeurez pas en moi. Moi, je suis la vigne, et vous, les sarments. Celui qui demeure en moi et en qui je demeure, celui-là porte beaucoup de fruit, car, en dehors de moi, vous ne pouvez rien faire. Si quelqu'un ne demeure pas en moi, il est, comme le sarment, jeté dehors, et il se dessèche. Les sarments secs, on les ramasse, on les jette au feu, et ils brûlent.

Si vous demeurez en moi, et que mes paroles demeurent en vous, demandez tout ce que vous voulez, et cela se réalisera pour vous. Ce qui fait la gloire de mon Père, c'est que vous portiez beaucoup de fruit et que vous soyez pour moi des disciples. »

Les mots de la Bible

Jérusalem
C'est la ville où se trouvait le Temple, le centre de la vie religieuse du peuple juif.

Frères
Les premiers chrétiens s'appellent entre eux « frères » car le baptême les a faits tous frères et sœurs de Jésus le Fils. Ils sont entrés dans la famille des enfants de Dieu, l'Église.

Judée, Galilée, Samarie
Régions du pays de Jésus (regarde la carte page 309).

Crainte du Seigneur
Cette expression très ancienne est utilisée pour dire le mélange de respect et d'émerveillement des hommes devant Dieu.

Sarment
C'est une branche de la vigne.

Fruit
Jésus conseille à ceux qui veulent le suivre de rester accrochés à lui, comme les branches au tronc de la vigne. Elles reçoivent la sève et, un jour, elles donnent du fruit. Nous aussi, nous pouvons donner du fruit. Bien sûr, ce ne sera pas du raisin, mais tout ce que nous faisons de beau et de bon pour les autres : notre gentillesse, une attention, un coup de main…

Retourne page 15 pour poursuivre la messe.

5
mai
2024

6e dimanche de Pâques

Tout au long des dimanches qui suivent la fête de Pâques, les lectures nous montrent comment des hommes et des femmes ont cru Jésus ressuscité. Nous pouvons faire comme eux.

Première lecture

Lecture du livre des Actes des apôtres

Ac 10,25-26.34-35.44-48

**Les premiers disciples de Jésus étaient juifs.
Ils pensaient qu'il fallait être juif pour suivre Jésus ;
peu à peu, ils ont changé d'avis.**

Comme Pierre arrivait à **Césarée** chez Corneille, **centurion** de l'armée romaine, celui-ci vint à sa rencontre, et, tombant à ses pieds, il se prosterna. Mais Pierre le releva en disant : « Lève-toi. Je ne suis qu'un homme, moi aussi. » Alors Pierre prit la parole et dit : « En vérité, je le comprends, Dieu est impartial : il accueille, quelle que soit la nation, celui qui le craint et dont les œuvres sont justes. » Pierre parlait encore quand l'Esprit Saint descendit sur tous ceux qui écoutaient la Parole. Les croyants qui accompagnaient Pierre, et qui étaient juifs d'origine, furent stupéfaits de voir que, même sur les nations, le don de l'**Esprit Saint** avait été répandu. En effet, on les entendait parler en langues et chanter la grandeur de Dieu. Pierre dit alors : « Quelqu'un peut-il refuser l'eau du **baptême** à ces gens qui ont reçu l'Esprit Saint tout comme nous ? » Et il donna l'ordre de les baptiser au nom de Jésus Christ. Alors ils lui demandèrent de rester quelques jours avec eux.

Psaume

Ps 97

**Le Seigneur a fait connaître sa victoire et révélé sa justice aux nations.
ou : Alléluia !**

Chantez au Seigneur un chant nouveau,
car il a fait des merveilles ;
par son bras très saint, par sa main puissante,
il s'est assuré la victoire.

Le Seigneur a fait connaître sa victoire
et révélé sa justice aux nations ;
il s'est rappelé sa fidélité, son amour,
en faveur de la maison d'Israël.

La terre tout entière a vu
la victoire de notre Dieu.
Acclamez le Seigneur, terre entière,
sonnez, chantez, jouez !

Deuxième lecture — Lecture de la première lettre de saint Jean

1 Jn 4,7-10

Chez les premiers chrétiens, on se bagarrait parfois. Saint Jean leur a rappelé plusieurs fois de s'aimer les uns les autres !

Bien-aimés, aimons-nous les uns les autres, puisque l'amour vient de Dieu. Celui qui aime est né de Dieu et connaît Dieu. Celui qui n'aime pas n'a pas connu Dieu, car Dieu est amour. Voici comment l'amour de Dieu s'est manifesté parmi nous : Dieu a envoyé son Fils unique dans le monde pour que nous vivions par lui. Voici en quoi consiste l'amour : ce n'est pas nous qui avons aimé Dieu, mais c'est lui qui nous a aimés, et il a envoyé son Fils en **sacrifice** de pardon pour nos péchés.

Évangile — Évangile de Jésus Christ selon saint Jean

Jn 15,9-17

Nous avons choisi le Christ et lui aussi nous a choisis. Nous sommes ses relais : il nous demande de regarder sa façon d'aimer et de faire comme lui.

En ce temps-là, Jésus disait à ses disciples : « Comme le Père m'a aimé, moi aussi je vous ai aimés. Demeurez dans mon amour. Si vous gardez mes commandements, vous demeurerez dans mon amour, comme moi, j'ai gardé les commandements de mon Père, et je demeure dans son amour. Je vous ai dit cela pour que ma joie soit en vous, et que votre joie soit parfaite. Mon commandement, le voici : Aimez-vous les uns les autres **comme je vous ai aimés**. Il n'y a pas de plus grand amour que de donner sa vie pour ceux qu'on aime. Vous êtes mes amis si vous faites ce que je vous commande. Je ne vous appelle plus serviteurs, car le serviteur ne sait pas ce que fait son maître ; je vous appelle mes amis, car tout ce que j'ai entendu de mon Père, je vous l'ai fait connaître. Ce n'est pas vous qui m'avez choisi, c'est moi qui vous ai choisis et **établis** afin que vous alliez, que vous portiez du fruit, et que votre fruit demeure. Alors, tout ce que vous demanderez au Père en mon nom, il vous le donnera. Voici ce que je vous commande : c'est de vous aimer les uns les autres. »

Les mots de la Bible

Césarée
Ville du pays de Jésus (regarde la carte page 310).

Centurion
Officier romain qui commandait à cent soldats.

Esprit Saint
C'est le souffle de Dieu, sa présence invisible, sa force de vie. On dit aussi « Esprit de Dieu » ou « Esprit ».

Baptême
En grec, « baptême » veut dire « plongée ». Celui qui est plongé dans l'eau pour être baptisé en ressort rattaché au Christ. Il entre dans une vie nouvelle avec Dieu.

Sacrifice
Autrefois, dans le Temple, les juifs tuaient un animal pour être en communion avec Dieu. Ici, Dieu offre son fils Jésus pour nous sauver.

« Comme je vous ai aimés »
Aimer, ce n'est pas seulement avoir le cœur qui bat pour quelqu'un. Aimer à la manière de Jésus, cela veut dire être attentif à ceux qui vivent autour de nous. Cela veut dire aussi que l'on donne de la joie à ceux qui nous entourent par nos actes et nos gestes, comme Jésus l'a fait.

Établir
Ici, ce mot veut dire donner à quelqu'un une mission.

Retourne page 15 pour poursuivre la messe.

Jeudi
9 mai
2024

Fête de l'Ascension du Seigneur

« Ascension » veut dire « montée ».
Aujourd'hui, nous fêtons Jésus qui est monté au ciel.
C'est une image pour dire qu'il vit auprès de Dieu.
Ce n'est pas triste, car nous croyons qu'il est aussi avec nous.

Première lecture — Commencement du livre des Actes des apôtres

Ac 1,1-11

C'est saint Luc qui a écrit les Actes des apôtres. Voici comment il raconte l'ascension de Jésus qui quitte ses apôtres.

Cher Théophile, dans mon premier livre, j'ai parlé de tout ce que Jésus a fait et enseigné depuis le moment où il commença, jusqu'au jour où il fut enlevé au **ciel**, après avoir, par l'Esprit Saint, donné ses instructions aux apôtres qu'il avait choisis. C'est à eux qu'il s'est présenté vivant après sa **Passion** ; il leur en a donné bien des preuves, puisque, pendant quarante jours, il leur est apparu et leur a parlé du royaume de Dieu. Au cours d'un repas qu'il prenait avec eux, il leur donna l'ordre de ne pas quitter Jérusalem, mais d'y attendre que s'accomplisse la promesse du Père. Il déclara : « Cette promesse, vous l'avez entendue de ma bouche : alors que Jean a baptisé avec l'eau, vous, c'est dans l'Esprit Saint que vous serez baptisés d'ici peu de jours. » Ainsi réunis, les apôtres l'interrogeaient : « Seigneur, est-ce maintenant le temps où tu vas rétablir le **royaume** pour Israël ? » Jésus leur répondit : « Il ne vous appartient pas de connaître les temps et les moments que le Père a fixés de sa propre autorité. Mais vous allez recevoir une force quand le Saint-Esprit viendra sur vous ; vous serez alors mes **témoins** à Jérusalem, dans toute la Judée et la Samarie, et jusqu'aux extrémités de la terre. » Après ces paroles, tandis que les apôtres le regardaient, il s'éleva, et une nuée vint le soustraire à leurs yeux. Et comme ils fixaient encore le ciel où Jésus s'en allait, voici que, devant eux, se tenaient deux hommes en vêtements blancs, qui leur dirent : « Galiléens, pourquoi restez-vous là à regarder vers le ciel ? Ce Jésus qui a été enlevé au ciel d'auprès de vous, viendra de la même manière que vous l'avez vu s'en aller vers le ciel. »

Psaume Ps 46

**Dieu s'élève parmi les ovations, le Seigneur,
aux éclats du cor ou : Alléluia !**

Tous les peuples, battez des mains,
acclamez Dieu par vos cris de joie !
Car le Seigneur est le Très-Haut, le redoutable,
le grand roi sur toute la terre.

Dieu s'élève parmi les ovations,
le Seigneur, aux éclats du cor.
Sonnez pour notre Dieu, sonnez,
sonnez pour notre roi, sonnez !

Car Dieu est le roi de la terre,
que vos musiques l'annoncent !
Il règne, Dieu, sur les païens,
Dieu est assis sur son trône sacré.

Deuxième lecture Lecture de la lettre de saint Paul apôtre aux Éphésiens

Ep 4,1-7.11-13

Lecture brève

Au début de cette lecture, saint Paul rappelle aux chrétiens qu'ils peuvent rester unis grâce à l'Esprit Saint.

Frères, moi qui suis en prison à cause du Seigneur, je vous exhorte donc à vous conduire d'une manière digne de votre vocation : ayez beaucoup d'**humilité**, de douceur et de patience, supportez-vous les uns les autres avec amour ; ayez soin de garder l'unité dans l'Esprit par le lien de la paix. Comme votre **vocation** vous a tous appelés à une seule **espérance**, de même il y a un seul Corps et un seul Esprit. Il y a un seul Seigneur, une seule foi, un seul baptême, un seul Dieu et Père de tous, au-dessus de tous, par tous, et en tous. À chacun d'entre nous, la grâce a été donnée selon la mesure du don fait par le Christ. Et les dons qu'il a faits, ce sont les apôtres, et aussi les prophètes, les évangélisateurs, les pasteurs et ceux qui enseignent. De cette manière, les fidèles sont organisés pour que les tâches du ministère soient accomplies et que se construise le corps du Christ, jusqu'à ce que nous parvenions tous ensemble à l'unité dans la foi et la pleine connaissance du Fils de Dieu, à l'état de l'Homme parfait, à la stature du Christ dans sa plénitude.

Évangile — Évangile de Jésus Christ selon saint Marc

Mc 16,15-20

Voici un autre récit de l'Ascension, écrit par saint Marc. Jésus envoie ses disciples partout. Il promet de les aider. À nous aussi, il fait cette promesse. Il ne nous abandonne pas.

En ce temps-là, Jésus ressuscité se manifesta aux onze apôtres et leur dit : « Allez dans le monde entier. Proclamez l'**Évangile** à toute la création. Celui qui croira et sera baptisé sera sauvé ; celui qui refusera de croire sera condamné. Voici les signes qui accompagneront ceux qui deviendront croyants : en mon nom, ils expulseront les **démons** ; ils parleront en langues nouvelles ; ils prendront des serpents dans leurs mains et, s'ils boivent un poison mortel, il ne leur fera pas de mal ; ils imposeront les mains aux malades, et les malades s'en trouveront bien. » Le Seigneur Jésus, après leur avoir parlé, fut enlevé au ciel et s'assit à la droite de Dieu. Quant à eux, ils s'en allèrent proclamer partout l'Évangile. Le Seigneur travaillait avec eux et confirmait la Parole par les signes qui l'accompagnaient.

Les mots de la Bible

Ciel
On dit que Dieu se trouve dans le ciel : c'est pour dire qu'il est immense et sans limites, comme le ciel.

Passion (du Christ)
La passion de Jésus Christ, c'est le récit des souffrances que Jésus a subies jusqu'à sa mort.

Royaume
Les juifs attendaient la venue d'un roi puissant. Les disciples de Jésus espéraient que ce serait lui ce nouveau roi.

Témoins
Ils ont connu Jésus et l'ont vu vivant après sa mort.

Humilité
Quand on ne se prend pas pour quelqu'un de très important. Le contraire, c'est l'orgueil.

Vocation
Ce mot veut dire « appel ». Dieu appelle les chrétiens à vivre avec son Fils Jésus et à aimer comme lui.

Espérance
Pour saint Paul, l'espérance, c'est croire que Jésus est vivant et qu'il nous entraîne dans une vie nouvelle qui n'a pas de fin.

Évangile
Jésus demande aux apôtres d'aller partout dans le monde proclamer l'Évangile. Mais quelle est cette Bonne Nouvelle ? C'est que Jésus est ressuscité des morts. Il est avec nous. Grâce à lui, le royaume de Dieu est tout proche. Nous pouvons donc vivre heureux, avec Dieu, dès aujourd'hui.

Démons
Ce sont les forces du mal.

Retourne page 15 pour poursuivre la messe.

12
mai
2024

7e dimanche de Pâques

Voici le dernier dimanche du temps de Pâques.
Jésus est auprès de Dieu.
Mais il est présent
par son Esprit Saint.
Nous pouvons compter sur lui.
Il nous accompagne.

Première lecture

Lecture du livre des Actes des apôtres

Ac 1,15-17.20a.20c-26

L'un des apôtres, Judas, est mort après avoir trahi Jésus. Les apôtres ont dû choisir un autre apôtre pour rester douze.

En ces jours-là, Pierre se leva au milieu des **frères** qui étaient réunis au nombre d'environ cent vingt personnes, et il déclara : « Frères, il fallait que l'**Écriture** s'accomplisse. En effet, par la bouche de David, l'Esprit Saint avait d'avance parlé de Judas, qui en est venu à servir de guide aux gens qui ont arrêté Jésus : ce Judas était l'un de nous et avait reçu sa part de notre **ministère**. Il est écrit au livre des Psaumes : Qu'un autre prenne sa charge. Or, il y a des hommes qui nous ont accompagnés durant tout le temps où le Seigneur Jésus a vécu parmi nous, depuis le commencement, lors du baptême donné par Jean, jusqu'au jour où il fut enlevé d'auprès de nous. Il faut donc que l'un d'entre eux devienne, avec nous, témoin de sa résurrection. » On en présenta deux : Joseph appelé Barsabbas, puis surnommé Justus, et Matthias. Ensuite, on fit cette prière : « Toi, Seigneur, qui connais tous les cœurs, désigne lequel des deux tu as choisi pour qu'il prenne, dans le ministère apostolique, la place que Judas a désertée en allant à la place qui est désormais la sienne. » On tira au sort entre eux, et le sort tomba sur Matthias, qui fut donc associé par suffrage aux onze Apôtres.

Psaume

Ps 102

Le Seigneur a son trône dans les cieux.
ou : Alléluia !

Bénis le Seigneur, ô mon âme,
bénis son nom très saint, tout mon être !
Bénis le Seigneur, ô mon âme,
n'oublie aucun de ses bienfaits !

Comme le ciel domine la terre,
fort est son amour pour qui le craint ;
aussi loin qu'est l'orient de l'occident,
il met loin de nous nos péchés.

Le Seigneur a son trône dans les cieux :
sa royauté s'étend sur l'univers.
Messagers du Seigneur, bénissez-le,
invincibles porteurs de ses ordres !

Deuxième lecture

Lecture de la première lettre de saint Jean

1 Jn 4,11-16

**Nous ne voyons pas Dieu.
Pourtant, quand nous aimons, Dieu est en nous.**

Bien-aimés, puisque Dieu nous a tellement aimés, nous devons, nous aussi, nous aimer les uns les autres. Dieu, personne ne l'a jamais vu. Mais si nous nous aimons les uns les autres, Dieu demeure en nous, et, en nous, son amour atteint la perfection. Voici comment nous reconnaissons que nous demeurons en lui et lui en nous : il nous a donné part à son Esprit. Quant à nous, nous avons vu et nous **attestons** que le Père a envoyé son Fils comme Sauveur du monde. Celui qui proclame que Jésus est le Fils de Dieu, Dieu demeure en lui, et lui en Dieu. Et nous, nous avons reconnu l'amour que Dieu a pour nous, et nous y avons cru. Dieu est amour : qui demeure dans l'amour demeure en Dieu, et Dieu demeure en lui.

Évangile

Évangile de Jésus Christ selon saint Jean

Jn 17,11b-19

**Dans sa prière, Jésus demande à son Père de protéger ses disciples.
Car Jésus sait bien que ce n'est pas toujours facile
de parler de Dieu aux hommes.**

En ce temps-là, les yeux levés au ciel, Jésus priait ainsi : « Père saint, garde mes disciples unis dans ton nom, le nom que tu m'as donné, pour qu'ils soient un, comme nous-mêmes. Quand j'étais avec eux, je les gardais unis dans ton nom, le nom que tu m'as donné. J'ai veillé sur eux, et aucun ne s'est perdu, sauf celui qui s'en va à sa perte de sorte que l'Écriture soit accomplie. Et maintenant que je viens à toi, je parle ainsi, dans le **monde**, pour qu'ils aient en eux ma joie, et qu'ils en soient comblés. Moi, je leur ai donné ta parole, et le monde les a pris en haine parce qu'ils n'appartiennent pas au monde, de même que moi je n'appartiens pas au monde. Je ne prie pas pour que tu les retires du monde, mais pour que tu les gardes du **Mauvais**. Ils n'appartiennent pas au monde, de même que moi, je n'appartiens pas au monde. Sanctifie-les dans la vérité : ta parole est vérité. De même que tu m'as envoyé dans le monde, moi aussi, je les ai envoyés dans le monde. Et pour eux je me sanctifie moi-même, afin qu'ils soient, eux aussi, sanctifiés dans la vérité. »

Les mots de la Bible

Frères
Ici, il s'agit des disciples de Jésus.

Écriture
Ce sont les livres saints des juifs (et plus tard aussi ceux des chrétiens). On dit qu'elle est accomplie parce que Jésus a fait ce qui était écrit dans ces livres.

Ministère
Non, Pierre ne travaille pas dans un ministère. Ministère veut dire « service ». Les apôtres se mettent au service de la communauté des chrétiens, car ils en sont les responsables.

Attester
Affirmer.

Le monde
Pour saint Jean, le monde représente la Terre entière, que Dieu aime.
Les disciples font partie de ce monde-là.
Mais, souvent, les hommes ont du mal à se rendre compte que Dieu les aime tant et ils le rejettent. Le monde, pour saint Jean, c'est aussi ces gens-là. Les disciples n'en font pas partie mais ils peuvent être tentés. C'est pourquoi Jésus prie pour eux et pour nous !

Mauvais
On l'appelle aussi Satan ou Diable. C'est celui qui divise et entraîne loin de Dieu.
Il représente les forces du mal qui agissent dans le monde.

Retourne page 15 pour poursuivre la messe.

19
mai
2024

Fête de la Pentecôte

Ce dimanche, nous célébrons une fête très importante : la Pentecôte. Ce jour-là, Dieu a envoyé à ses disciples l'Esprit Saint pour annoncer Jésus Christ au monde entier. Il continue à l'envoyer aujourd'hui !

Première lecture

Lecture du livre des Actes des apôtres

Ac 2,1-11

Après la mort de Jésus, ses disciples avaient peur d'être arrêtés ; mais soudain leur vie fut bouleversée.

Quand arriva le jour de la Pentecôte, au terme des cinquante jours après Pâques, ils se trouvaient réunis tous ensemble. Soudain un bruit survint du ciel comme un violent coup de vent : la maison où ils étaient assis en fut remplie tout entière. Alors leur apparurent des langues qu'on aurait dites de feu, qui se partageaient, et il s'en posa une sur chacun d'eux. Tous furent remplis d'**Esprit Saint** : ils se mirent à parler en d'autres langues, et chacun s'exprimait selon le don de l'Esprit. Or, il y avait, résidant à Jérusalem, des Juifs religieux, venant de toutes les nations sous le ciel. Lorsque ceux-ci entendirent la voix qui retentissait, ils se rassemblèrent en foule. Ils étaient en pleine confusion parce que chacun d'eux entendait dans son propre dialecte ceux qui parlaient. Dans la stupéfaction et l'émerveillement, ils disaient : « Ces gens qui parlent ne sont-ils pas tous galiléens ? Comment se fait-il que chacun de nous les entende dans son propre dialecte, sa langue maternelle ? Parthes, Mèdes et Élamites, habitants de la Mésopotamie, de la Judée et de la Cappadoce, de la province du Pont et de celle d'Asie, de la Phrygie et de la Pamphylie, de l'Égypte et des contrées de Libye proches de Cyrène, Romains de passage, Juifs de naissance et convertis, Crétois et Arabes, tous nous les entendons parler dans nos langues des merveilles de Dieu. »

Psaume Ps 103

Ô Seigneur, envoie ton Esprit qui renouvelle la face de la terre !
ou : Alléluia !

Bénis le Seigneur, ô mon âme ;
Seigneur mon Dieu, tu es si grand !
Quelle profusion dans tes œuvres, Seigneur !
La terre s'emplit de tes biens.

Tu reprends leur souffle, ils expirent
et retournent à leur poussière.
Tu envoies ton souffle : ils sont créés ;
tu renouvelles la face de la terre.

Gloire au Seigneur à tout jamais !
Que Dieu se réjouisse en ses œuvres !
Que mon poème lui soit agréable ;
moi, je me réjouis dans le Seigneur.

Deuxième lecture Lecture de la première lettre de saint Paul apôtre aux Galates Ga 5,16-25

Parfois, nous avons très envie de faire n'importe quoi. Pour résister, il faut se laisser guider par l'Esprit de Dieu.

Frères, je vous le dis : marchez sous la conduite de l'Esprit Saint, et vous ne risquerez pas de satisfaire les convoitises de la **chair**. Car les tendances de la chair s'opposent à l'**Esprit**, et les tendances de l'Esprit s'opposent à la chair. En effet, il y a là un affrontement qui vous empêche de faire tout ce que vous voudriez. Mais si vous vous laissez conduire par l'Esprit, vous n'êtes pas soumis à la Loi. On sait bien à quelles actions mène la chair : inconduite, impureté, débauche, idolâtrie, sorcellerie, haines, rivalité, jalousie, emportements, intrigues, divisions, sectarisme, envie, beuveries, orgies et autres choses du même genre. Je vous préviens, comme je l'ai déjà fait : ceux qui commettent de telles actions ne recevront pas en héritage le royaume de Dieu. Mais voici le fruit de l'Esprit : amour, joie, paix, patience, bonté, bienveillance, fidélité, douceur et maîtrise de soi. En ces domaines, la Loi n'intervient pas. Ceux qui sont au Christ Jésus ont crucifié en eux la chair, avec ses passions et ses convoitises. Puisque l'Esprit nous fait vivre, marchons sous la conduite de l'Esprit.

Séquence

Viens, Esprit Saint, en nos cœurs
et envoie du haut du ciel
un rayon de ta lumière.

Viens en nous, père des pauvres,
viens, dispensateur des dons,
viens, lumière de nos cœurs.

Consolateur souverain,
hôte très doux de nos âmes,
adoucissante fraîcheur.

Dans le labeur, le repos ;
dans la fièvre, la fraîcheur ;
dans les pleurs, le réconfort.

Ô lumière bienheureuse,
viens remplir jusqu'à l'intime
le cœur de tous tes fidèles.

Sans ta puissance divine,
il n'est rien en aucun homme,
rien qui ne soit perverti.

Lave ce qui est souillé,
baigne ce qui est aride,
guéris ce qui est blessé.

Assouplis ce qui est raide,
réchauffe ce qui est froid,
rends droit ce qui est faussé.

À tous ceux qui ont la foi
et qui en toi se confient
donne tes sept dons sacrés.

Donne mérite et vertu,
donne le salut final,
donne la joie éternelle. Amen.

Évangile de Jésus Christ selon saint Jean

Évangile

Jn 15,26-27 ; 16,12-15

Avant sa mort, Jésus a promis à ses disciples de leur envoyer l'Esprit, qui leur ferait découvrir la vérité. Cette promesse est toujours valable pour nous aujourd'hui !

En ce temps-là, Jésus disait à ses disciples : « Quand viendra le **Défenseur**, que je vous enverrai d'auprès du Père, lui, l'**Esprit de vérité** qui **procède** du Père, il rendra témoignage en ma faveur. Et vous aussi, vous allez rendre témoignage, car vous êtes avec moi depuis le commencement. J'ai encore beaucoup de choses à vous dire, mais pour l'instant vous ne pouvez pas les porter. Quand il viendra, lui, l'Esprit de vérité, il vous conduira dans la vérité tout entière. En effet, ce qu'il dira ne viendra pas de lui-même : mais ce qu'il aura entendu, il le dira ; et ce qui va venir, il vous le fera connaître. Lui me **glorifiera**, car il recevra ce qui vient de moi pour vous le faire connaître. Tout ce que possède le Père est à moi ; voilà pourquoi je vous ai dit : L'Esprit reçoit ce qui vient de moi pour vous le faire connaître. »

Les mots de la Bible

Esprit Saint, Esprit de Dieu, Esprit de vérité
Cet Esprit, c'est le souffle de vie, la puissance incroyable de Dieu. Cette force, les disciples l'ont reçue le jour de la Pentecôte. Et depuis ce jour, tous les chrétiens la reçoivent aussi de la part de Jésus. Grâce à cet Esprit, cette personne, ils se rapprochent de Dieu le Père, ils découvrent qu'ils sont aimés de lui, l'Esprit les rend heureux !

Chair
Pour saint Paul, la « chair », c'est notre fragilité. C'est à cause d'elle que nous avons envie de faire des choses mauvaises.

Esprit
Saint Paul appelle « esprit » la force de vie qu'il y a dans chaque homme. Pour saint Paul, l'esprit fait tout le contraire de la chair.

Défenseur
Un des noms donnés à l'Esprit Saint. Car il est avec nous, pour nous aider à lutter contre le mal.

Procéder
Venir de quelqu'un ou de quelque chose.

Glorifier
Cela veut dire donner du poids, de l'importance à quelqu'un. L'Esprit Saint nous fait connaître Jésus Christ, nous montre qu'il est important : il le glorifie.

Retourne page 15 pour poursuivre la messe.

26
mai
2024

Fête de la Sainte Trinité

En se rappelant les paroles de Jésus, les premiers chrétiens ont découvert que Dieu est en même temps Père, Fils et Esprit. Pour le dire, ils ont inventé le mot « Trinité » (qui veut dire un seul Dieu en trois personnes). C'est ce que nous fêtons aujourd'hui.

Première lecture

Lecture du livre du Deutéronome

Dt 4,32-34.39-40

Plusieurs siècles avant Jésus, le peuple d'Israël a fait cette découverte : Dieu est unique et veut le bonheur des hommes.

Moïse disait au peuple : « Interroge donc les temps anciens qui t'ont précédé, depuis le jour où Dieu créa l'homme sur la terre : d'un bout du monde à l'autre, est-il arrivé quelque chose d'aussi grand, a-t-on jamais connu rien de pareil ? Est-il un peuple qui ait entendu comme toi la voix de Dieu parlant du milieu du feu, et qui soit resté en vie ? Est-il un dieu qui ait entrepris de se choisir une nation, de venir la prendre au milieu d'une autre, à travers des épreuves, des signes, des **prodiges** et des combats, à main forte et à bras étendu, et par des exploits terrifiants – comme tu as vu le Seigneur ton Dieu le faire pour toi en Égypte ? Sache donc aujourd'hui, et médite cela en ton cœur : c'est le Seigneur qui est Dieu, là-haut dans le ciel comme ici-bas sur la terre ; il n'y en a pas d'autre. Tu garderas les décrets et les commandements du Seigneur que je te donne aujourd'hui, afin d'avoir, toi et tes fils, bonheur et longue vie sur la terre que te donne le Seigneur ton Dieu, tous les jours. »

Psaume Ps 32

Heureux le peuple dont le Seigneur est le Dieu.

Oui, elle est droite, la parole du Seigneur ;
il est fidèle en tout ce qu'il fait.
Il aime le bon droit et la justice ;
la terre est remplie de son amour.

Le Seigneur a fait les cieux par sa parole,
l'univers, par le souffle de sa bouche.
Il parla, et ce qu'il dit exista ;
il commanda, et ce qu'il dit survint.

Dieu veille sur ceux qui le craignent,
qui mettent leur espoir en son amour,
pour les délivrer de la mort,
les garder en vie aux jours de famine.

Nous attendons notre vie du Seigneur :
il est pour nous un appui, un bouclier.
Que ton amour, Seigneur, soit sur nous
comme notre espoir est en toi !

Deuxième lecture

Lecture de la lettre de saint Paul apôtre aux Romains

Rm 8,14-17

Nous ne sommes pas les esclaves d'un Dieu qui fait peur. Grâce à l'Esprit Saint, nous sommes les enfants d'un Dieu qui nous aime.

Frères, tous ceux qui se laissent conduire par l'Esprit de Dieu, ceux-là sont fils de Dieu. Vous n'avez pas reçu un esprit qui fait de vous des esclaves et vous ramène à la peur ; mais vous avez reçu un Esprit qui fait de vous des fils ; et c'est en lui que nous crions « ***Abba !*** », c'est-à-dire : Père ! C'est donc l'Esprit Saint lui-même qui atteste à notre esprit que nous sommes enfants de Dieu. Puisque nous sommes ses enfants, nous sommes aussi ses **héritiers** : héritiers de Dieu, héritiers avec le Christ, si du moins nous souffrons avec lui pour être avec lui dans la gloire.

Évangile Évangile de Jésus Christ selon saint Matthieu

Mt 28,16-20

Après sa résurrection, Jésus explique à ses disciples leur mission. Ils doivent baptiser les nouveaux disciples au nom du Père, du Fils et du Saint-Esprit.

En ce temps-là, les **onze disciples** s'en allèrent en Galilée, à la **montagne** où Jésus leur avait ordonné de se rendre. Quand ils le virent, ils se prosternèrent, mais certains eurent des doutes. Jésus s'approcha d'eux et leur adressa ces paroles : « Tout pouvoir m'a été donné au ciel et sur la terre. Allez ! De toutes les nations faites des disciples : baptisez-les **au nom du Père, et du Fils, et du Saint-Esprit**, apprenez-leur à observer tout ce que je vous ai commandé. Et moi, je suis avec vous tous les jours jusqu'à la fin du monde. »

Les mots de la Bible

Moïse
C'était un grand chef du peuple hébreu à qui Dieu a donné sa Loi. Il a libéré son peuple qui était esclave des Égyptiens. Il l'a conduit jusqu'à la Terre promise par Dieu.

Prodiges
Événements extraordinaires.

Abba
Ce mot araméen veut dire « Père » ou « Papa ». Jésus l'emploie pour parler à Dieu.

Héritiers
Ceux qui reçoivent un héritage.

Onze disciples
Après le suicide de Judas, les douze disciples ne furent plus que onze.

Montagne
Dans la Bible, la montagne est le lieu où les croyants rencontrent Dieu.

« Au nom du Père, du Fils et du Saint-Esprit »
Jésus a demandé à ses apôtres de baptiser au nom du Père, du Fils et du Saint-Esprit. Aujourd'hui encore, le prêtre redit cette parole quand il baptise quelqu'un. Et nous la disons quand nous faisons le signe de croix. Nous traçons sur nous une croix pour dire que nous nous laissons recouvrir tout entiers par la vie de Dieu qui est Père, Fils et Saint-Esprit.

Retourne page 15 pour poursuivre la messe.

2
juin
2024

Fête du Corps et du Sang du Christ

À la messe, Jésus Christ nous offre
son corps et son sang.
Il vient parmi nous.
C'est ce que nous fêtons
tout spécialement aujourd'hui.

Première lecture

Lecture du livre de l'Exode

Ex 24,3-8

Dans le désert, les Hébreux offraient à Dieu des sacrifices. Ils célébraient l'Alliance que Dieu avait conclue avec eux.

En ces jours-là, Moïse vint rapporter au peuple toutes les paroles du Seigneur et toutes ses ordonnances. Tout le peuple répondit d'une seule voix : « Toutes ces paroles que le Seigneur a dites, nous les mettrons en pratique. » Moïse écrivit toutes les paroles du Seigneur. Il se leva de bon matin et il bâtit un autel **au pied de la montagne**, et il dressa douze pierres pour les douze tribus d'Israël. Puis il chargea quelques jeunes garçons parmi les fils d'Israël d'offrir des **holocaustes**, et d'immoler au Seigneur des taureaux en **sacrifice** de paix. Moïse prit la moitié du sang et le mit dans des coupes ; puis il aspergea l'autel avec le reste du sang. Il prit le livre de l'Alliance et en fit la lecture au peuple. Celui-ci répondit : « Tout ce que le Seigneur a dit, nous le mettrons en pratique, nous y obéirons. » Moïse prit le sang, en aspergea le peuple, et dit : « Voici le sang de l'Alliance que, sur la base de toutes ces paroles, le Seigneur a conclue avec vous. »

Psaume

Ps 115

J'élèverai la coupe du salut,
j'invoquerai le nom du Seigneur.
ou : Alléluia !

Comment rendrai-je au Seigneur
tout le bien qu'il m'a fait ?
J'élèverai la coupe du salut,
j'invoquerai le nom du Seigneur.

Il en coûte au Seigneur
de voir mourir les siens !
Ne suis-je pas, Seigneur, ton serviteur,
moi, dont tu brisas les chaînes ?

Je t'offrirai le sacrifice d'action de grâce,
j'invoquerai le nom du Seigneur.
Je tiendrai mes promesses au Seigneur,
oui, devant tout son peuple.

Deuxième lecture

Lecture de la lettre aux Hébreux

He 9,11-15

Jésus aussi offre un sacrifice à Dieu : il se donne lui-même. Ainsi, nous sommes plus proches de Dieu, explique saint Paul à la fin de cette lecture.

Frères, le Christ est venu, grand prêtre des biens à venir. Par la tente plus grande et plus parfaite, celle qui n'est pas œuvre de mains humaines et n'appartient pas à cette création, il est entré une fois pour toutes dans le sanctuaire, en répandant, non pas le sang de boucs et de jeunes taureaux, mais son propre sang. De cette manière, il a obtenu une libération définitive. S'il est vrai qu'une simple aspersion avec le sang de boucs et de taureaux, et de la cendre de génisse, sanctifie ceux qui sont souillés, leur rendant la pureté de la chair, le sang du Christ fait bien davantage, car le Christ, poussé par l'Esprit éternel, s'est offert lui-même à Dieu comme une victime sans défaut ; son sang purifiera donc notre conscience des actes qui mènent à la mort, pour que nous puissions rendre un culte au Dieu vivant. Voilà pourquoi il est le médiateur d'une alliance nouvelle, d'un testament nouveau : puisque sa mort a permis le rachat des transgressions commises sous le premier Testament, ceux qui sont appelés peuvent recevoir l'héritage éternel jadis promis.

Séquence

Le voici, le pain des anges,
il est le pain de l'homme en route,
le vrai pain des enfants de Dieu,
qu'on ne peut jeter aux chiens.

D'avance il fut annoncé
par Isaac en sacrifice,
par l'agneau pascal immolé,
par la manne de nos pères.

Ô bon Pasteur, notre vrai pain,
ô Jésus, aie pitié de nous,
nourris-nous et protège-nous,
fais-nous voir les biens éternels
dans la terre des vivants.

Toi qui sais tout et qui peux tout,
toi qui sur terre nous nourris,
conduis-nous au banquet du ciel
et donne-nous ton héritage,
en compagnie de tes saints.
Amen.

Évangile — Évangile de Jésus Christ selon saint Marc

Mc 14,12-16.22-26

Jésus mange avec ses amis pour la dernière fois. Demain, il mourra. Comme il donne du pain aux disciples, il offrira son corps. Comme il leur donne du vin, il offrira son sang.

Le premier jour de la fête des pains sans levain, où l'on immolait l'agneau pascal, les disciples de Jésus lui disent : « Où veux-tu que nous allions faire les préparatifs pour que tu manges la Pâque ? » Il envoie deux de ses disciples en leur disant : « Allez à la ville ; un homme portant une cruche d'eau viendra à votre rencontre. Suivez-le, et là où il entrera, dites au propriétaire : “Le Maître te fait dire : Où est la salle où je pourrai manger la **Pâque** avec mes disciples ?” Il vous indiquera, à l'étage, une grande pièce aménagée et prête pour un repas. Faites-y pour nous les préparatifs. » Les disciples partirent, allèrent à la ville ; ils trouvèrent tout comme Jésus leur avait dit, et ils préparèrent la Pâque. Pendant le repas, Jésus, ayant pris du pain et prononcé la bénédiction, le rompit, le leur donna, et dit : « Prenez, ceci est mon corps. » Puis, ayant pris une coupe et ayant rendu grâce, il la leur donna, et ils en burent tous. Et il leur dit : « Ceci est mon sang, le sang de l'Alliance, versé pour la multitude. Amen, je vous le dis : je ne boirai plus du fruit de la vigne, jusqu'au jour où je le boirai, nouveau, dans le royaume de Dieu. » Après avoir chanté les psaumes, ils partirent pour le mont des Oliviers.

Les mots de la Bible

Au pied de la montagne
C'est la plus haute montagne du désert du Sinaï. Les Hébreux ont traversé ce désert pour sortir d'Égypte. Sur cette montagne, Dieu a parlé à Moïse et lui a donné une loi pour le peuple.

Holocauste
C'est un sacrifice dans lequel on tue un animal et on le brûle entièrement.

Sacrifice
Autrefois, les juifs faisaient des sacrifices. Ils tuaient des animaux pour les offrir à Dieu. Ils mangeaient la viande mais laissaient couler le sang. Car le sang, c'est le signe de la vie. Ils n'y touchaient pas pour montrer que la vie n'appartient pas aux hommes. Elle vient de Dieu.

La Pâque
Quand on l'écrit sans « s », c'est la Pâque juive. Ce jour-là, les juifs fêtent la libération de leurs ancêtres. Ils étaient esclaves en Égypte et Dieu les a libérés. En souvenir de ce jour, les juifs mangent en famille des galettes de pain et des herbes amères. Ils mangent le même repas que leurs ancêtres. Car Dieu ne les abandonne pas. Comme leurs ancêtres, il continue à les aider.

9 juin 2024

10e dimanche du temps ordinaire

Aujourd'hui, Dieu nous invite à croire en lui.
Lui seul, grâce à son amour,
peut nous pardonner
et nous ressusciter.

Première lecture

Lecture du livre de la Genèse

Gn 3,9-15

Après avoir mangé du fruit de l'arbre, Adam et Ève se cachent. Dieu les cherche et découvre qu'ils lui ont désobéi.

Lorsque Adam eut mangé du fruit de l'arbre, le Seigneur Dieu l'appela et lui dit : « Où es-tu donc ? » Il répondit : « J'ai entendu ta voix dans le jardin, j'ai pris peur parce que je suis nu, et je me suis caché. » Le Seigneur reprit : « Qui donc t'a dit que tu étais nu ? Aurais-tu mangé de l'arbre dont je t'avais interdit de manger ? » L'homme répondit : « La femme que tu m'as donnée, c'est elle qui m'a donné du fruit de **l'arbre**, et j'en ai mangé. » Le Seigneur Dieu dit à la femme : « Qu'as-tu fait là ? » La femme répondit : « Le serpent m'a trompée, et j'ai mangé. » Alors le Seigneur Dieu dit au serpent : « Parce que tu as fait cela, tu seras maudit parmi tous les animaux et toutes les bêtes des champs. Tu ramperas sur le ventre et tu mangeras de la poussière tous les jours de ta vie. Je mettrai une hostilité entre toi et la femme, entre ta descendance et sa descendance : celle-ci te meurtrira la tête, et toi, tu lui meurtriras le talon. »

Psaume

Ps 129

Près du Seigneur est l'amour, près de lui abonde le rachat.

Des profondeurs je crie vers toi, Seigneur,
Seigneur, écoute mon appel !
Que ton oreille se fasse attentive
au cri de ma prière !

Si tu retiens les fautes, Seigneur,
Seigneur, qui subsistera ?
Mais près de toi se trouve le pardon
pour que l'homme te craigne.

J'espère le Seigneur de toute mon âme ;
je l'espère, et j'attends sa parole.
Mon âme attend le Seigneur
plus qu'un veilleur ne guette l'aurore.

Oui, près du Seigneur, est l'amour ;
près de lui, abonde le rachat.
C'est lui qui rachètera Israël
de toutes ses fautes.

Deuxième lecture

Lecture de la deuxième lettre de saint Paul apôtre aux Corinthiens

2 Co 4,13–5,1

Paul témoigne de sa foi auprès des chrétiens de Corinthe. Dieu a ressuscité Jésus, il nous ressuscitera nous aussi.

Frères, l'Écriture dit : *J'ai cru, c'est pourquoi j'ai parlé.* Et nous aussi, qui avons le même esprit de foi, nous croyons, et c'est pourquoi nous parlons. Car, nous le savons, celui qui a ressuscité le Seigneur Jésus nous ressuscitera, nous aussi, avec Jésus, et il nous placera près de lui avec vous. Et tout cela, c'est pour vous, afin que la grâce, plus largement répandue dans un plus grand nombre, fasse abonder l'action de grâce pour la gloire de Dieu. C'est pourquoi nous ne perdons pas courage, et même si en nous l'homme extérieur va vers sa ruine, **l'homme intérieur** se renouvelle de jour en jour. Car notre détresse du moment présent est légère par rapport au poids vraiment incomparable de gloire éternelle qu'elle produit pour nous. Et notre regard ne s'attache pas à ce qui se voit, mais à ce qui ne se voit pas ; ce qui se voit est provisoire, mais ce qui ne se voit pas est éternel. Nous le savons, en effet, même si notre corps, cette tente qui est notre demeure sur la terre, est détruit, nous avons un édifice construit par Dieu, une demeure éternelle dans les cieux qui n'est pas l'œuvre des hommes.

Évangile

Évangile de Jésus Christ selon saint Marc

Mc 3,20-35

Dieu pardonne tous les péchés. Mais, si quelqu'un doute de son amour et de son pardon, alors il ne sera pas pardonné.

En ce temps-là, Jésus revint à la maison avec ses disciples, où de nouveau la foule se rassembla, si bien qu'il n'était même pas possible de manger. Les gens de chez lui, l'apprenant, vinrent pour se saisir de lui, car ils affirmaient : « Il a perdu la tête. » Les scribes, qui étaient descendus de Jérusalem, disaient : « Il est possédé par **Béelzéboul** ; c'est par le chef des **démons** qu'il expulse les démons. » Les appelant près de lui, Jésus leur dit en parabole : « Comment **Satan** peut-il expulser Satan ? Si un royaume est divisé contre lui-même, ce royaume ne peut pas tenir. Si les gens d'une même maison se divisent entre eux, ces gens ne pourront pas tenir. Si Satan s'est dressé contre lui-même, s'il est divisé, il ne peut pas tenir ; c'en est fini de lui. Mais personne ne peut entrer dans la maison d'un homme fort et piller ses biens, s'il ne l'a d'abord **ligoté**. Alors seulement il pillera sa maison. Amen, je vous le dis : Tout sera pardonné aux enfants des hommes : leurs péchés et les **blasphèmes** qu'ils auront proférés. Mais si quelqu'un blasphème contre l'Esprit Saint, il n'aura jamais de pardon. Il est coupable d'un péché pour toujours. » Jésus parla ainsi parce qu'ils avaient dit : « Il est possédé par un **esprit impur**. » Alors arrivent sa mère et ses frères. Restant au-dehors, ils le font appeler. Une foule était assise autour de lui ; et on lui dit : « Voici que ta mère et tes frères sont là dehors : ils te cherchent. » Mais il leur répond : « Qui est ma mère ? qui sont mes frères ? » Et parcourant du regard ceux qui étaient assis en cercle autour de lui, il dit : « Voici ma mère et mes frères. Celui qui fait la volonté de Dieu, celui-là est pour moi un frère, une sœur, une mère. »

Les mots de la Bible

Arbre
C'est l'arbre de la connaissance du bien et du mal dans le récit de la Genèse.

L'homme intérieur
Le croyant en qui l'esprit de Dieu est présent.

Béelzéboul, démons, Satan, esprit impur
On l'appelle aussi Diable. C'est la force du mal qui sème la division.

Ligoté
Attaché les bras et les jambes de quelqu'un avec une corde.

Blasphème
Paroles ou discours contre Dieu.

Retourne page 15 pour poursuivre la messe.

16 juin 2024

11e dimanche du temps ordinaire

À quoi ressemble le règne de Dieu ?
Pouvons-nous le voir là, tout de suite ?
Comme il faut du temps à une fleur pour fleurir,
il nous faut du temps pour accueillir Dieu,
découvrir sa présence.

Première lecture

Lecture du livre d'Ézékiel

Ez 17,22-24

**En prenant l'image de la tige,
Dieu annonce qu'un sauveur redonnera au monde toute sa beauté.**

Ainsi parle le Seigneur Dieu : « À la cime du grand **cèdre**, je prendrai une tige ; au sommet de sa ramure, j'en cueillerai une toute jeune, et je la planterai moi-même sur une montagne très élevée. Sur la haute montagne d'Israël je la planterai. Elle portera des rameaux, et produira du fruit, elle deviendra un cèdre magnifique. En dessous d'elle habiteront tous les **passereaux** et toutes sortes d'oiseaux, à l'ombre de ses branches ils habiteront. Alors tous les arbres des champs sauront que Je suis le Seigneur : je renverse l'arbre élevé et relève l'arbre renversé, je fais sécher l'arbre vert et reverdir l'arbre sec. Je suis le Seigneur, j'ai parlé, et je le ferai. »

Psaume

Ps 91

Il est bon, Seigneur, de te rendre grâce !

Qu'il est bon de rendre grâce au Seigneur,
de chanter pour ton nom, Dieu Très-Haut,
d'annoncer dès le matin ton amour,
ta fidélité, au long des nuits.

Le juste grandira comme un palmier,
il poussera comme un cèdre du Liban ;
planté dans les parvis du Seigneur,
il grandira dans la maison de notre Dieu.

Vieillissant, il fructifie encore,
il garde sa sève et sa verdeur pour annoncer :
« Le Seigneur est droit !
Pas de ruse en Dieu, mon rocher ! »

Deuxième lecture

Lecture de la deuxième lettre de saint Paul apôtre aux Corinthiens

2 Co 5,6-10

Paul raconte aux Juifs de la ville d'Antioche que Jésus est le sauveur qu'ils attendent.

Frères, nous gardons toujours confiance, tout en sachant que nous demeurons loin du Seigneur, tant que nous demeurons dans ce corps ; en effet, nous cheminons dans la foi, non dans la claire vision. Oui, nous avons confiance, et nous voudrions plutôt quitter la demeure de ce corps pour demeurer près du Seigneur. Mais de toute manière, que nous demeurions dans ce corps ou en dehors, notre ambition, c'est de plaire au Seigneur. Car il nous faudra tous apparaître à découvert devant le tribunal du Christ, pour que chacun soit rétribué selon ce qu'il a fait, soit en bien soit en mal, pendant qu'il était dans son corps.

Évangile

Évangile de Jésus Christ selon saint Marc

Mc 4,26-34

Jésus compare le royaume de Dieu à une semence ou à une graine de moutarde. Il arrive sans faire de bruit mais il est bien là. Soyons attentifs.

En ce temps-là, parlant à la foule, Jésus disait : « Il en est du **règne de Dieu** comme d'un homme qui jette en terre la semence : nuit et jour, qu'il dorme ou qu'il se lève, la semence germe et grandit, il ne sait comment. D'elle-même, la terre produit d'abord l'herbe, puis l'épi, enfin du blé plein l'épi. Et dès que le blé est mûr, il y met la **faucille**, puisque le temps de la moisson est arrivé. » Il disait encore : « À quoi allons-nous comparer le règne de Dieu ? Par quelle parabole pouvons-nous le représenter ? Il est comme une graine de moutarde : quand on la sème en terre, elle est la plus petite de toutes les semences. Mais quand on l'a semée, elle grandit et dépasse toutes les plantes potagères ; et elle étend de longues branches, si bien que les oiseaux du ciel peuvent faire leur nid à son ombre. » Par de nombreuses **paraboles** semblables, Jésus leur annonçait la Parole, dans la mesure où ils étaient capables de l'entendre. Il ne leur disait rien sans parabole, mais il expliquait tout à ses disciples en particulier.

Les mots de la Bible

Cèdre
Grand arbre de la famille du pin.

Passereaux
Petits oiseaux.

Règne de Dieu
Ce n'est pas un endroit, mais la vie avec Dieu que Jésus nous apprend à découvrir. C'est un monde nouveau qui s'annonce.

Faucille
Instrument pour couper les céréales. La faucille est munie d'un manche et d'une lame courbe.

Parabole
C'est une histoire de la vie ordinaire ou une histoire imaginaire. Jésus en racontait souvent à la foule ou à ses disciples pour les aider à découvrir la vie de Dieu.

Retourne page 15 pour poursuivre la messe.

23 juin 2024

12e dimanche du temps ordinaire

Parfois la peur, le chagrin, provoquent comme des tempêtes dans nos cœurs. Mais le Seigneur est là, il veille sur nous, même au milieu des orages.

Première lecture

Lecture du livre de Job

Jb 38, 1, 8-11

Job est un homme juste qui subit de nombreuses épreuves. Pourtant, Dieu l'invite à garder confiance : c'est lui qui a créé les mers et maîtrise les tempêtes.

Le Seigneur s'adressa à Job du milieu de la **tempête** et dit : « Qui donc a retenu la mer avec des portes, quand elle jaillit du **sein primordial** ; quand je lui mis pour vêtement la nuée, en guise de langes le nuage sombre ; quand je lui imposai ma limite, et que je disposai verrou et portes ? Et je dis : "Tu viendras jusqu'ici ! tu n'iras pas plus loin, ici s'arrêtera l'orgueil de tes flots !" ».

Psaume

Ps 107 (106),21a.22a.24.25-26a.27b.28-29.30-3

Rendez grâce au Seigneur : Il est bon !
Éternel est son amour !

Qu'ils rendent grâce au Seigneur de son amour,
qu'ils offrent des sacrifices d'action de grâce,
ceux qui ont vu les œuvres du Seigneur
et ses merveilles parmi les océans.

Il parle, et provoque la tempête,
un vent qui soulève les vagues :
portés jusqu'au ciel, retombant aux abîmes,
leur sagesse était engloutie.

Dans leur angoisse, ils ont crié vers le Seigneur,
et lui les a tirés de la détresse,
réduisant la tempête au silence,
faisant taire les vagues.

Ils se réjouissent de les voir s'apaiser,
d'être conduits au port qu'ils désiraient
Qu'ils rendent grâce au Seigneur de son amour,
de ses merveilles pour les hommes.

Deuxième lecture

Lecture de la deuxième lettre de saint Paul apôtre aux Corinthiens

2 Co 5,14-17

Paul s'adresse aux chrétiens de Corinthe, il leur dit que l'amour du Christ est si grand qu'il transforme le monde.

Frères, l'amour du Christ nous saisit quand nous pensons qu'un seul est mort pour tous, et qu'ainsi tous ont passé par la mort. Car le Christ est mort pour tous, afin que les vivants n'aient plus leur vie centrée sur eux-mêmes, mais sur lui, qui est mort et **ressuscité** pour eux. Désormais nous ne regardons plus personne d'une manière simplement humaine : si nous avons connu le Christ de cette manière, maintenant nous ne le connaissons plus ainsi. Si donc quelqu'un est dans le Christ, il est une **créature nouvelle**. Le monde ancien s'en est allé, un monde nouveau est déjà né.

Évangile

Évangile de Jésus Christ selon saint Marc

Mc 4,35-41.

Au milieu de la tempête, le Seigneur est avec nous. Il apaise nos peurs et nos doutes, comme il calme les flots. De la même façon qu'il s'adresse à ses disciples, Jésus nous rassure et nous dit de ne pas avoir peur.

Toute la journée, Jésus avait parlé à la foule. Le soir venu, Jésus dit à ses disciples : « Passons sur l'autre rive. ». Quittant la foule, ils emmenèrent Jésus, comme il était, dans la barque, et d'autres barques l'accompagnaient. Survient une violente **tempête**. Les vagues se jetaient sur la barque, si bien que déjà elle se remplissait. Lui dormait sur le coussin à l'arrière. Les **disciples** le réveillent et lui disent : « Maître, nous sommes perdus ; cela ne te fait rien ? ». Réveillé, il menaça le vent et dit à la mer : « Silence, tais-toi ! » Le vent tomba, et il se fit un grand calme. Jésus leur dit : « Pourquoi êtes-vous si craintifs ? N'avez-vous pas encore la **foi** ? ». Saisis d'une grande crainte, ils se disaient entre eux : « Qui est-il donc, celui-ci, pour que même le vent et la mer lui obéissent ? ».

Les mots de la Bible

Créature nouvelle
Saint Paul reprend de nombreuses fois cette expression pour désigner les chrétiens. Pour lui, ce sont des femmes et des hommes nouveaux. Le message de Jésus, c'est à dire l'amour de Dieu pour nous, nous transforme.

Disciples
Ce terme désigne ceux qui recoivent l'enseignement d'un maître. Dans la Bible, ce sont ceux qui ont choisi de suivre Jésus et de vivre selon sa parole.

La foi
La foi, c'est la confiance en Dieu, partagée par tous les croyants. Le Seigneur nous invite à toujours garder la foi, même dans les difficultés.

Réssuscité
Réveillé, relevé.
Dieu a répondu à la confiance de Jésus en le réveillant de la mort et en lui donnant une vie nouvelle et sans fin. Et Jésus Christ nous fait cette promesse : Dieu nous ressuscitera comme il l'a ressuscité. C'est le signe de son amour pour nous.

Sein primordial
Comme le sein maternel ou la poitrine de la Terre, le sein primordial a nourri la naissance du monde. C'est de là qu'est née toute chose.

Tempête
On trouve beaucoup de tempêtes dans la Bible, elle peut représenter le malheur, la violence, la colère ou le doute. Après le déluge de Noé comme dans la barque des disciples de Jésus, c'est Dieu qui la calme.

Retourne page 15 pour poursuivre la messe.

30 juin 2024

13e dimanche du temps ordinaire

Parfois, nous nous demandons qui est Dieu et ce qu'il fait. Il y a une chose dont nous pouvons être sûrs : c'est que Dieu aime la vie. Il nous invite aussi à aimer la vie de toutes nos forces et à la partager avec d'autres.

Première lecture

Lecture du livre de la Sagesse

Sg 1,13-15 ; 2,23-24

Dans le monde, on voit des gens pleins de vie et d'autres qui meurent. Certains se demandent si la mort vient de Dieu.

Dieu n'a pas fait la mort, il ne se réjouit pas de voir mourir les êtres vivants. Il les a tous créés pour qu'ils **subsistent** ; ce qui naît dans le monde est porteur de vie : on n'y trouve pas de poison qui fasse mourir. La puissance de la Mort ne règne pas sur la terre, car la justice est **immortelle**. Dieu a créé l'homme pour **l'incorruptibilité**, il a fait de lui une image de sa propre identité. C'est par la jalousie du Diable que la mort est entrée dans le monde ; ils en font l'expérience, ceux qui prennent parti pour lui.

Psaume

Ps 29

Je t'exalte, Seigneur : tu m'as relevé.

Je t'exalte, Seigneur : tu m'as relevé,
tu m'épargnes les rires de l'ennemi.
Seigneur, tu m'as fait remonter de l'abîme
et revivre quand je descendais à la fosse.

Fêtez le Seigneur, vous, ses fidèles,
rendez grâce en rappelant son nom très saint.
Sa colère ne dure qu'un instant,
sa bonté, toute la vie.

Avec le soir, viennent les larmes,
mais au matin, les cris de joie.
Tu as changé mon deuil en une danse,
mes habits funèbres en parure de joie.

Que mon cœur ne se taise pas,
qu'il soit en fête pour toi,
et que sans fin, Seigneur, mon Dieu,
je te rende grâce !

Deuxième lecture — Lecture de la deuxième lettre de saint Paul apôtre aux Corinthiens

2 Co 8,7.9.13-15

**Aimer la vie, ce sont aussi des actions !
Par exemple, partager les biens ou les talents que l'on possède pour que tous aient de quoi vivre.**

Frères, puisque vous avez tout en **abondance**, la foi, la Parole, la connaissance de Dieu, toute sorte d'empressement et l'amour qui vous vient de nous, qu'il y ait aussi abondance dans votre don généreux ! Vous connaissez en effet le don généreux de notre Seigneur Jésus Christ : lui qui est riche, il s'est fait pauvre à cause de vous, pour que vous deveniez riches par sa pauvreté. Il ne s'agit pas de vous mettre dans la gêne en soulageant les autres, il s'agit d'égalité. Dans la circonstance présente, ce que vous avez en abondance comblera leurs besoins, afin que, réciproquement, ce qu'ils ont en abondance puisse combler vos besoins, et cela fera l'égalité, comme dit l'Écriture à propos de la **manne** : Celui qui en avait ramassé beaucoup n'eut rien de trop, celui qui en avait ramassé peu ne manqua de rien.

Évangile — Évangile de Jésus Christ selon saint Marc

Mc 5,21-24.35b-43

Lecture brève

Lorsque la maladie et la mort arrivent, on voudrait faire tout ce qu'il faut pour les arrêter. Et parfois cela réussit...

En ce temps-là, Jésus regagna en barque l'autre rive, et une grande foule s'assembla autour de lui. Il était au bord de la mer. Arrive un des chefs de **synagogue**, nommé Jaïre. Voyant Jésus, il tombe à ses pieds et le supplie instamment : « Ma fille, encore si jeune, est à la **dernière extrémité**. Viens lui imposer les mains pour qu'elle soit sauvée et qu'elle vive. » Jésus partit avec lui, et la foule qui le suivait était si nombreuse qu'elle l'écrasait. Alors, des gens arrivent de la maison de Jaïre, le chef de synagogue, pour dire à celui-ci : « Ta fille vient de mourir. À quoi bon déranger encore le Maître ? » Jésus, surprenant ces mots, dit au chef de synagogue : « Ne crains pas, crois seulement. » Il ne laissa personne l'accompagner, sauf Pierre, Jacques, et Jean, le frère de Jacques. Ils arrivent à la maison du chef de synagogue. Jésus voit l'agitation, et des gens qui pleurent et poussent de grands cris. Il entre et leur dit : « Pourquoi cette agitation et ces pleurs ? L'enfant n'est pas morte : elle dort. » Mais on se moquait de lui. Alors il met tout le monde dehors, prend avec lui le père et la mère de l'enfant, et ceux qui étaient avec lui ; puis il pénètre là où reposait l'enfant. Il saisit la main de l'enfant, et lui dit : « Talitha koum », ce qui signifie : « Jeune fille, je te le dis, lève-toi ! » Aussitôt la jeune fille se leva et se mit à marcher – elle avait en effet douze ans. Ils furent frappés d'une grande stupeur. Et Jésus leur ordonna fermement de ne le faire savoir à personne ; puis il leur dit de la faire manger.

Les mots de la Bible

Subsister
Vivre

Immortel
Qui ne meurt pas.

Incorruptibilité
Qui ne se détériore pas.

Abondance
Grande quantité de quelque chose.

Manne
C'est la nourriture que Dieu fit tomber du ciel pour nourrir son peuple dans le désert. La manne leur a permis de ne pas mourir de faim.

Synagogue
C'est le lieu où les juifs se rassemblent pour lire la Bible et pour prier.

Dernière extrémité
Être sur le point de mourir.

Retourne page 15 pour poursuivre la messe.

7
juillet
2024

14e dimanche du temps ordinaire

Chaque dimanche, nous écoutons des paroles de la Bible. Certaines sont vieilles de plus de vingt siècles. Pourtant, on dirait qu'elles ont été écrites pour nous.

Première lecture

Lecture du livre d'Ézékiel

Ez 2,2-5

Ézékiel raconte que Dieu lui demande de parler à son peuple, même si celui-ci lui tourne le dos.

En ces jours-là, l'**esprit** vint en moi et me fit tenir debout. J'écoutai celui qui me parlait. Il me dit : « Fils d'homme, je t'envoie vers les fils d'Israël, vers une nation rebelle qui s'est révoltée contre moi. Jusqu'à ce jour, eux et leurs pères se sont soulevés contre moi. Les fils ont le visage dur, et le cœur obstiné ; c'est à eux que je t'envoie. Tu leur diras : "Ainsi parle le Seigneur Dieu…" Alors, qu'ils écoutent ou qu'ils n'écoutent pas – c'est une **engeance** de rebelles ! – ils sauront qu'il y a un **prophète** au milieu d'eux. »

Psaume

Ps 122

Nos yeux, levés vers le Seigneur, attendent sa pitié.

Vers toi j'ai les yeux levés,
vers toi qui es au ciel,
comme les yeux de l'esclave
vers la main de son maître.

Comme les yeux de la servante
vers la main de sa maîtresse,
nos yeux, levés vers le Seigneur notre Dieu,
attendent sa pitié.

Pitié pour nous, Seigneur, pitié pour nous :
notre âme est rassasiée de mépris.
C'en est trop, nous sommes rassasiés du rire des satisfaits,
du mépris des orgueilleux !

Deuxième lecture

Lecture de la deuxième lettre de saint Paul apôtre aux Corinthiens

2 Co 12,7-10

Saint Paul a fait une étrange expérience : il se sait faible mais a découvert que sa force à lui, c'est Jésus Christ.

Frères, les révélations que j'ai reçues sont tellement extraordinaires que, pour m'empêcher de me surestimer, j'ai reçu dans ma chair une écharde, un envoyé de **Satan** qui est là pour me gifler, pour empêcher que je me surestime. Par trois fois, j'ai prié le Seigneur de l'écarter de moi. Mais il m'a déclaré : « Ma **grâce** te suffit, car ma puissance donne toute sa mesure dans la faiblesse. » C'est donc très volontiers que je mettrai plutôt ma fierté dans mes faiblesses, afin que la puissance du Christ fasse en moi sa demeure. C'est pourquoi j'accepte de grand cœur pour le Christ les faiblesses, les insultes, les contraintes, les persécutions et les situations angoissantes. Car, lorsque je suis faible, c'est alors que je suis fort.

Évangile

Évangile de Jésus Christ selon saint Marc

Mc 6,1-6

On croit connaître quelqu'un depuis des années. Pourtant on ignore complètement qui il est en réalité. C'est ce qui est arrivé aux gens du village de Jésus.

En ce temps-là, Jésus se rendit dans son lieu d'origine, et ses disciples le suivirent. Le jour du **sabbat**, il se mit à enseigner dans la **synagogue**. De nombreux auditeurs, frappés d'étonnement, disaient : « D'où cela lui vient-il ? Quelle est cette **sagesse** qui lui a été donnée, et ces grands **miracles** qui se réalisent par ses mains ? N'est-il pas le charpentier, le fils de Marie, et le frère de Jacques, de José, de Jude et de Simon ? Ses sœurs ne sont-elles pas ici chez nous ? » Et ils étaient profondément choqués à son sujet. Jésus leur disait : « Un prophète n'est méprisé que dans son pays, sa parenté et sa maison. » Et là il ne pouvait accomplir aucun miracle ; il guérit seulement quelques malades en leur imposant les mains. Et il s'étonna de leur manque de foi. Alors, Jésus parcourait les villages d'alentour en enseignant.

Les mots de la Bible

Ézékiel
Ce prophète a vécu en Israël six siècles avant Jésus Christ. À cette époque, le roi de Babylone avait envahi Jérusalem et exilé une partie de ses habitants.
Le peuple d'Israël était désespéré. Ézékiel lui a parlé au nom de Dieu pour lui rendre courage.

Esprit
C'est la force que Dieu donne aux hommes et qui les rend capables de chercher et de connaître Dieu.

Engeance
C'est un mot méprisant qui veut dire « race ».

Prophète
Homme qui parle au nom de Dieu. Il rappelle aux gens qu'ils sont liés à Dieu et que Dieu les connaît et ne les oublie pas.

Satan
On l'appelle aussi Diable ou l'Adversaire. C'est la force du mal qui sème la division.

Grâce
Ce mot veut dire don, cadeau. Dieu donne sa force aux hommes, sa grâce.

Sabbat
C'est le jour de la semaine que les juifs consacrent à Dieu. Il commence le vendredi au coucher du soleil et se termine le samedi soir. C'est un jour pour prier Dieu et se reposer.

Synagogue
C'est le lieu où les juifs se rassemblent pour lire la Bible et prier.

Sagesse
Connaissance de Dieu.

Miracle
Action étonnante, extraordinaire par laquelle Dieu donne un signe aux hommes. Les évangiles racontent que Jésus a fait des miracles, il guérissait les malades, par exemple. Il voulait montrer aux gens que Dieu était là, en pleine action.

Retourne page 15 pour poursuivre la messe.

14 juillet 2024

15e dimanche du temps ordinaire

**La messe semble bien longue, parfois.
On aurait bien envie d'aller dehors. Tant mieux !
Car Dieu ne nous retient pas.
Au contraire, il nous renvoie chez nous
pour que nous parlions de lui aux hommes.**

Première lecture

Lecture du livre d'Amos

Am 7,12-15

Amos parle de Dieu aux habitants d'Israël. Dieu lui-même le lui a demandé. Mais le prophète est mal reçu !

En ces jours-là, Amazias, prêtre de Béthel, dit au prophète **Amos** : « Toi, le voyant, va-t'en d'ici, fuis au pays de **Juda** ; c'est là-bas que tu pourras gagner ta vie en faisant ton métier de prophète. Mais ici, à Béthel, arrête de prophétiser ; car c'est un **sanctuaire** royal, un **temple** du royaume. » Amos répondit à Amazias : « Je n'étais pas prophète ni fils de prophète ; j'étais **bouvier**, et je soignais les sycomores. Mais le Seigneur m'a saisi quand j'étais derrière le troupeau, et c'est lui qui m'a dit : "Va, tu seras prophète pour mon peuple Israël." »

Psaume

Ps 84

**Fais-nous voir, Seigneur,
ton amour, et donne-nous ton salut.**

J'écoute : que dira le Seigneur Dieu ?
Ce qu'il dit, c'est la paix pour son peuple et ses fidèles.
Son salut est proche de ceux qui le craignent,
et la gloire habitera notre terre.

Amour et vérité se rencontrent,
justice et paix s'embrassent ;
la vérité germera de la terre
et du ciel se penchera la justice.

Le Seigneur donnera ses bienfaits,
et notre terre donnera son fruit.
La justice marchera devant lui,
et ses pas traceront le chemin.

Deuxième lecture — Lecture de la lettre de saint Paul apôtre aux Éphésiens

Ep 1,3-10

Lecture brève

Paul commence sa lettre aux chrétiens de la ville d'Éphèse en remerciant Dieu. Voici un passage très important de cette bénédiction.

Béni soit Dieu, le Père de notre Seigneur Jésus Christ ! Il nous a bénis et comblés des **bénédictions** de l'Esprit, au ciel, dans le Christ. Il nous a choisis, dans le Christ, avant la fondation du monde, pour que nous soyons saints, immaculés devant lui, dans l'amour. Il nous a prédestinés à être, pour lui, des fils adoptifs par Jésus, le Christ. Ainsi l'a voulu sa bonté, à la louange de gloire de sa grâce, la grâce qu'il nous donne dans le Fils bien-aimé. En lui, par son sang, nous avons la **rédemption**, le pardon de nos fautes. C'est la richesse de la grâce que Dieu a fait déborder jusqu'à nous en toute sagesse et intelligence. Il nous dévoile ainsi le mystère de sa **volonté**, selon que sa bonté l'avait prévu dans le Christ : pour mener les temps à leur plénitude, récapituler toutes choses dans le Christ, celles du ciel et celles de la terre.

Évangile — Évangile de Jésus Christ selon saint Marc

Mc 6,7-13

Jésus a envoyé ses douze apôtres sur les routes. Comme lui, ils ont aidé les hommes à être proches de Dieu. Aujourd'hui aussi, Jésus nous envoie, c'est notre mission.

En ce temps-là, Jésus appela les **Douze** ; alors il commença à les envoyer en mission deux par deux. Il leur donnait autorité sur les **esprits impurs**, et il leur prescrivit de ne rien prendre pour la route, mais seulement un bâton ; pas de pain, pas de sac, pas de pièces de monnaie dans leur ceinture. « Mettez des sandales, ne prenez pas de tunique de rechange. » Il leur disait encore : « Quand vous avez trouvé l'hospitalité dans une maison, restez-y jusqu'à votre départ. Si, dans une localité, on refuse de vous accueillir et de vous écouter, partez et secouez la poussière de vos pieds : ce sera pour eux un témoignage. » Ils partirent, et proclamèrent qu'il fallait se convertir. Ils expulsaient beaucoup de démons, faisaient des onctions d'huile à de nombreux malades, et les guérissaient.

Les mots de la Bible

Amos
Il a vécu au VIIIe siècle av. J. C. Ce simple berger est né dans un village proche de Bethléem. Dieu lui a demandé d'être prophète.

Juda
Ne pas confondre avec Judas, le disciple qui a trahi Jésus ! Dans la première lecture, ce mot désigne le royaume de Juda. À cette époque, le peuple d'Israël habitait dans deux royaumes voisins. Au nord, le royaume d'Israël, au sud, le royaume de Juda (regarde la carte page 310).

Sanctuaire, temple
À l'époque d'Amos, le peuple d'Israël avait plusieurs temples. Dans le royaume du Nord, le plus grand temple se trouvait à Béthel. Dans le royaume du Sud, il était à Jérusalem.

Bouvier
Personne qui garde les bœufs.

Bénédiction
Ce mot vient du latin et signifie « dire du bien ». Quand Dieu nous donne sa bénédiction, cela signifie qu'il nous fait du bien.

Rédemption
À l'époque de Jésus, on pouvait racheter un esclave pour le libérer. Cela s'appelait une rédemption. Jésus-Christ nous libère du mal : il nous apporte la rédemption.

Volonté de Dieu
La volonté de Dieu, c'est que tous les hommes le reconnaissent comme Père et deviennent ses enfants.

Les Douze
Ce sont les 12 apôtres que Jésus a choisis parmi ses nombreux disciples.

Esprits impurs
Ce sont les forces du mal qui nous empêchent de vivre heureux comme Dieu nous y invite.

Retourne page 15 pour poursuivre la messe.

21 juillet 2024

16e dimanche du temps ordinaire

Pendant des siècles, un peuple a attendu un homme, un roi capable d'apporter la paix, un envoyé de Dieu. Nous croyons que cet envoyé est venu, c'est Jésus de Nazareth.

Première lecture

Lecture du livre de Jérémie

Jr 23,1-6

Il y a environ deux mille six cents ans,
Jérémie a annoncé la venue d'un homme exceptionnel :
un homme donné par Dieu à son peuple.

Quel malheur pour vous, pasteurs ! Vous laissez périr et vous dispersez les brebis de mon pâturage – oracle du Seigneur ! C'est pourquoi, ainsi parle le Seigneur, le Dieu d'Israël, contre les **pasteurs** qui conduisent mon peuple : Vous avez dispersé mes brebis, vous les avez chassées, et vous ne vous êtes pas occupés d'elles. Eh bien ! Je vais m'occuper de vous, à cause de la malice de vos actes – oracle du Seigneur. Puis, je rassemblerai moi-même le reste de mes brebis de tous les pays où je les ai chassées. Je les ramènerai dans leur enclos, elles seront fécondes et se multiplieront. Je susciterai pour elles des pasteurs qui les conduiront ; elles ne seront plus apeurées ni effrayées, et aucune ne sera perdue – oracle du Seigneur. Voici venir des jours – oracle du Seigneur –, où je susciterai pour **David** un **Germe** juste : il régnera en vrai roi, il agira avec intelligence, il exercera dans le pays le droit et la justice. En ces jours-là, Juda sera sauvé, et Israël habitera en sécurité. Voici le nom qu'on lui donnera : « Le-Seigneur-est-notre-justice. »

Psaume Ps 22

Le Seigneur est mon berger : rien ne saurait me manquer.

Le Seigneur est mon berger :
je ne manque de rien.
Sur des prés d'herbe fraîche,
il me fait reposer.

Il me mène vers les eaux tranquilles
et me fait revivre ;
il me conduit par le juste chemin
pour l'honneur de son nom.

Si je traverse les ravins de la mort,
je ne crains aucun mal,
car tu es avec moi :
ton bâton me guide et me rassure.

Tu prépares la table pour moi
devant mes ennemis ;
tu répands le parfum sur ma tête,
ma coupe est débordante.

Grâce et bonheur m'accompagnent
tous les jours de ma vie ;
j'habiterai la maison du Seigneur
pour la durée de mes jours.

Deuxième lecture

Lecture de la lettre de saint Paul apôtre aux Éphésiens

Ep 2,13-18

Paul est convaincu que Jésus Christ est venu pour sauver tous les hommes de la terre : les juifs et tous les autres.

Frères, maintenant, dans le Christ Jésus, vous qui autrefois étiez loin, vous êtes devenus proches par le sang du Christ. C'est lui, le Christ, qui est notre paix : des deux, le Juif et le **païen**, il a fait une seule réalité ; par sa chair crucifiée, il a détruit ce qui les séparait, le mur de la haine ; il a supprimé les prescriptions juridiques de la loi de Moïse. Ainsi, à partir des deux, le Juif et le païen, il a voulu créer en lui un seul Homme nouveau en faisant la paix, et réconcilier avec Dieu les uns et les autres en un seul corps par le moyen de la croix ; en sa personne, il a tué la haine. Il est venu annoncer la bonne nouvelle de la paix, la paix pour vous qui étiez loin, la paix pour ceux qui étaient proches. Par lui, en effet, les uns et les autres, nous avons, dans un seul Esprit, accès auprès du Père.

Évangile — Évangile de Jésus Christ selon saint Marc

Mc 6,30-34

Jésus est débordé. Dès qu'il essaye de se mettre à l'écart, les gens le retrouvent : ils veulent l'écouter à tout prix !

En ce temps-là, après leur première mission, les **Apôtres** se réunirent auprès de Jésus, et lui annoncèrent tout ce qu'ils avaient fait et enseigné. Il leur dit : « Venez à l'écart dans un endroit désert, et reposez-vous un peu. » De fait, ceux qui arrivaient et ceux qui partaient étaient nombreux, et l'on n'avait même pas le temps de manger. Alors, ils partirent en barque pour un endroit désert, à l'écart. Les gens les virent s'éloigner, et beaucoup comprirent leur intention. Alors, à pied, de toutes les villes, ils coururent là-bas et arrivèrent avant eux. En débarquant, Jésus vit une grande foule. Il fut **saisi de compassion** envers eux, parce qu'ils étaient comme des brebis sans berger. Alors, il se mit à les enseigner longuement.

Les mots de la Bible

Jérémie
Prophète, un homme qui parlait au nom de Dieu. Il a vécu il y a deux mille six cents ans. En ce temps-là, l'armée du roi de Babylone avait vaincu et envahi le royaume d'Israël. Jérémie encourage son peuple.

Pasteur
Ce mot veut dire berger. On appelle aussi pasteurs les chefs religieux, qui guident les croyants vers Dieu.

David
Le plus important des rois d'Israël. Il a vécu il y a environ trois mille ans.

Germe
Pousse, être vivant qui commence à peine à grandir. Ici, c'est une façon d'annoncer qu'un enfant donné par Dieu va naître parmi les descendants du roi David.

Païens
À l'époque de Jésus, les juifs appelaient ainsi tous ceux qui n'appartenaient pas à la religion juive.

Apôtres
Ce sont douze disciples que Jésus avait choisis pour aller en mission.

Saisi de compassion
C'est être bouleversé par la souffrance des autres. La Bible montre souvent que Dieu est saisi de pitié. Dans l'Évangile, Jésus aussi est saisi de pitié. Il a l'attitude de son Père.

Retourne page 15 pour poursuivre la messe.

28 juillet 2024

17e dimanche du temps ordinaire

La messe est une invitation à rencontrer Dieu. Nous écoutons la Parole de Dieu qui nourrit et fait grandir notre foi. Et le pain que nous partageons, c'est le corps du Christ qui nous fait vivre.

Première lecture

Lecture du deuxième livre des Rois

2 R 4,42-44

Élisée nourrit cent personnes avec vingt pains d'orge. Il n'y arrive pas tout seul. Il le fait grâce à Dieu parce qu'il le croit sur parole.

En ces jours-là, un homme vint de Baal-Shalisha et, prenant sur la récolte nouvelle, il apporta à **Élisée**, l'homme de Dieu, vingt **pains** d'orge et du grain frais dans un sac. Élisée dit alors : « Donne-le à tous ces gens pour qu'ils mangent. » Son serviteur répondit : « Comment donner cela à cent personnes ? » Élisée reprit : « Donne-le à tous ces gens pour qu'ils mangent, car ainsi parle le Seigneur : "On mangera, et il en restera." » Alors, il le leur donna, ils mangèrent, et il en resta, selon la parole du Seigneur.

Psaume

Ps 144

Tu ouvres la main, Seigneur : nous voici rassasiés.

Que tes œuvres, Seigneur, te rendent grâce
et que tes fidèles te bénissent !
Ils diront la gloire de ton règne,
ils parleront de tes exploits.

Les yeux sur toi, tous, ils espèrent :
tu leur donnes la nourriture au temps voulu ;
tu ouvres ta main :
tu rassasies avec bonté tout ce qui vit.

Le Seigneur est juste en toutes ses voies,
fidèle en tout ce qu'il fait.
Il est proche de ceux qui l'invoquent,
de tous ceux qui l'invoquent en vérité.

Deuxième lecture

Lecture de la lettre de saint Paul apôtre aux Éphésiens

Ep 4,1-6

Nous, les chrétiens, nous ne sommes pas toujours d'accord. Pourtant, nous croyons au même Dieu qui est unique. Alors, restons unis, dit Paul.

Frères, moi qui suis en prison à cause du Seigneur, je vous exhorte à vous conduire d'une manière digne de votre vocation : ayez beaucoup d'humilité, de douceur et de patience, supportez-vous les uns les autres avec amour ; ayez soin de garder l'unité dans l'Esprit par le lien de la paix. Comme votre **vocation** vous a tous appelés à une seule espérance, de même il y a un seul Corps et un seul Esprit. Il y a un seul Seigneur, une seule foi, un seul baptême, un seul Dieu et Père de tous, au-dessus de tous, par tous, et en tous.

Évangile

Évangile de Jésus Christ selon saint Jean

Jn 6,1-15

Des milliers d'hommes et de femmes suivent Jésus. Ils ont faim de ses paroles. Et puis, ils ont faim de pain, tout simplement !

En ce temps-là, Jésus passa de l'autre côté de la mer de Galilée, le **lac de Tibériade**. Une grande foule le suivait, parce qu'elle avait vu les signes qu'il accomplissait sur les malades. Jésus gravit la montagne, et là, il était assis avec ses disciples. Or, la **Pâque**, la fête des Juifs, était proche. Jésus leva les yeux et vit qu'une foule nombreuse venait à lui. Il dit à **Philippe** : « Où pourrions-nous acheter du pain pour qu'ils aient à manger ? » Il disait cela pour le mettre à l'épreuve, car il savait bien, lui, ce qu'il allait faire. Philippe lui répondit : « Le salaire de deux cents journées ne suffirait pas pour que chacun reçoive un peu de pain. » Un de ses disciples, **André**, le frère de **Simon-Pierre**, lui dit : « Il y a là un jeune garçon qui a cinq pains d'orge et deux poissons, mais qu'est-ce que cela pour tant de monde ! » Jésus dit : « Faites asseoir les gens. » Il y avait beaucoup d'herbe à cet endroit. Ils s'assirent donc, au nombre d'environ cinq mille hommes. Alors Jésus prit les pains et, après avoir rendu grâce, il les distribua aux convives ; il leur donna aussi du poisson, autant qu'ils en voulaient. Quand ils eurent mangé à leur faim, il dit à ses disciples : « Rassemblez les morceaux en surplus, pour que rien ne se perde. » Ils les rassemblèrent, et ils remplirent douze paniers avec les morceaux des cinq pains d'orge, restés en surplus pour ceux qui prenaient cette nourriture. À la vue du signe que Jésus avait accompli, les gens disaient : « C'est vraiment lui le **Prophète** annoncé, celui qui vient dans le monde. » Mais Jésus savait qu'ils allaient l'enlever pour faire de lui leur roi ; alors de nouveau il se retira dans la montagne, lui seul.

Les mots de la Bible

Élisée
Ce prophète a vécu il y a deux mille neuf cents ans et parlait au nom de Dieu. Il a fait beaucoup de miracles pour montrer que Dieu est présent parmi les hommes.

Pain
Dans la première lecture et dans l'Évangile, un peu de pain suffit pour nourrir beaucoup de monde. À la messe aussi, Dieu nous offre son pain de vie, la vie de Jésus Christ.

Vocation
Ce mot veut dire appel. Dieu appelle les chrétiens à vivre avec son Fils Jésus et à aimer comme lui. C'est le sens de notre baptême.

Lac de Tibériade
On l'appelle aussi mer de Galilée car c'est un très grand lac pour les habitants de ce petit pays (regarde la carte page 310). Jésus l'a souvent traversé en bateau avec ses disciples. Plusieurs étaient pêcheurs et savaient naviguer.

Pâque
Quand on l'écrit sans « s », c'est la fête juive. Elle rappelle le jour où Dieu a libéré les Hébreux esclaves en Égypte. Le dernier repas de Jésus avec ses disciples a eu lieu un jour de fête de la Pâque. Puis Jésus est mort et ressuscité le troisième jour. Pâques pour les chrétiens est la fête de sa résurrection.

Philippe, André et Simon-Pierre
Ce sont trois des douze apôtres de Jésus.

Le Prophète
À l'époque de Jésus, beaucoup de juifs attendaient que Dieu envoie un sauveur pour chasser les Romains du pays. Ils l'appelaient Messie, Christ ou le Prophète.

Retourne page 15 pour poursuivre la messe.

4 août 2024

18e dimanche du temps ordinaire

Aujourd'hui comme il y a deux mille ans,
chacun a ses petites idées sur Jésus,
et des choses à lui demander…
Lui attend seulement
que nous croyions en lui.

Première lecture

Lecture du livre de l'Exode

Ex 16,2-4.12-15

Dieu est généreux avec les hommes, mais, bien souvent, eux ne savent pas le reconnaître. Ils préfèrent protester, grogner, critiquer…

En ces jours-là, dans le désert, toute la communauté des **fils d'Israël** récriminait contre Moïse et son frère Aaron. Les fils d'Israël leur dirent : « Ah ! Il aurait mieux valu mourir de la main du Seigneur, au pays d'Égypte, quand nous étions assis près des marmites de viande, quand nous mangions du pain à satiété ! Vous nous avez fait sortir dans ce désert pour faire mourir de faim tout ce peuple assemblé ! » Le Seigneur dit à Moïse : « Voici que, du ciel, je vais faire pleuvoir du pain pour vous. Le peuple sortira pour recueillir chaque jour sa ration quotidienne, et ainsi je vais le mettre à l'épreuve : je verrai s'il marchera, ou non, selon ma loi. J'ai entendu les récriminations des fils d'Israël. Tu leur diras : "Au coucher du soleil, vous mangerez de la viande et, le lendemain matin, vous aurez du pain à satiété. Alors vous saurez que moi, le Seigneur, je suis votre Dieu." » Le soir même, surgit un vol de cailles qui recouvrirent le camp ; et, le lendemain matin, il y avait une couche de rosée autour du camp. Lorsque la couche de rosée s'évapora, il y avait, à la surface du désert, une fine croûte, quelque chose de fin comme du givre, sur le sol. Quand ils virent cela, les fils d'Israël se dirent l'un à l'autre : « ***Mann hou*** ? » [ce qui veut dire : Qu'est-ce que c'est ?], car ils ne savaient pas ce que c'était. Moïse leur dit : « C'est le pain que le Seigneur vous donne à manger. »

Psaume

Ps 77

Le Seigneur donne le pain du ciel !
Nous avons entendu et nous savons
ce que nos pères nous ont raconté ;
nous redirons à l'âge qui vient
les titres de gloire du Seigneur.

Il commande aux nuées là-haut,
il ouvre les écluses du ciel :
pour les nourrir il fait pleuvoir la manne,
il leur donne le froment du ciel.

Chacun se nourrit du pain des Forts,
il les pourvoit de vivres à satiété.
Tel un berger, il conduit son peuple.
Il le fait entrer dans son domaine sacré.

Deuxième lecture

Lecture de la lettre de saint Paul apôtre aux Éphésiens

Ep 4,17.20-24

Avec Jésus, nous devenons des hommes neufs. Nous pouvons ressembler pour de bon à Dieu notre Père. Alors pas question de revenir en arrière !

Frères, je vous le dis, j'en témoigne dans le Seigneur : vous ne devez plus vous conduire comme les païens qui se laissent guider par le **néant** de leur pensée. Mais vous, ce n'est pas ainsi que l'on vous a appris à connaître le Christ, si du moins l'annonce et l'enseignement que vous avez reçus à son sujet s'accordent à la vérité qui est en Jésus. Il s'agit de vous défaire de votre conduite d'autrefois, c'est-à-dire de **l'homme ancien** corrompu par les convoitises qui l'entraînent dans l'erreur. Laissez-vous renouveler par la transformation spirituelle de votre pensée. Revêtez-vous de l'homme nouveau, créé, selon Dieu, dans la justice et la sainteté conformes à la vérité.

Évangile

Évangile de Jésus Christ selon saint Jean

Jn 6,24-35

Le pain que Dieu nous donne, c'est le signe qu'il nous invite à partager sa vie. Voilà une chance inouïe !

En ce temps-là, quand la foule vit que Jésus n'était pas là, ni ses disciples, les gens montèrent dans les barques et se dirigèrent vers Capharnaüm à la recherche de Jésus. L'ayant trouvé sur l'autre rive, ils lui dirent : « **Rabbi**, quand es-tu arrivé ici ? » Jésus leur répondit : « Amen, amen, je vous le dis : vous me cherchez, non parce que vous avez vu des signes, mais parce que vous avez mangé de ces pains et que vous avez été rassasiés. Travaillez non pas pour la nourriture qui se perd, mais pour la nourriture qui demeure jusque dans la **vie éternelle**, celle que vous donnera le Fils de l'homme, lui que Dieu, le Père, a marqué de son sceau. » Ils lui dirent alors : « Que devons-nous faire pour travailler aux œuvres de Dieu ? » Jésus leur répondit : « **L'œuvre de Dieu**, c'est que vous croyiez en celui qu'il a envoyé. » Ils lui dirent alors : « Quel signe vas-tu accomplir pour que nous puissions le voir, et te croire ? Quelle œuvre vas-tu faire ? Au désert, nos pères ont mangé la manne ; comme dit l'Écriture : *Il leur a donné à manger le pain venu du ciel.* » Jésus leur répondit : « Amen, amen, je vous le dis : ce n'est pas Moïse qui vous a donné le pain venu du ciel ; c'est mon Père qui vous donne le vrai pain venu du ciel. Car le pain de Dieu, c'est celui qui descend du ciel et qui donne la vie au monde. » Ils lui dirent alors : « Seigneur, donne-nous toujours de ce pain-là. » Jésus leur répondit : « Moi, je suis le **pain de la vie**. Celui qui vient à moi n'aura jamais faim ; celui qui croit en moi n'aura jamais soif. »

Les mots de la Bible

Fils d'Israël
Peuple d'Israël.

Mann hou
C'est à cause de ces mots hébreux qu'on a appelé la nourriture tombée du ciel ce jour-là la « manne ». Par elle, Dieu permet à son peuple de ne pas mourir de faim.

Néant
Les idées fausses qui vident l'esprit.

L'homme ancien
C'est chacun de nous, tant que nous ne sommes pas plongés dans la vie de Jésus Christ par le baptême. Sans Jésus, nous ne pouvons pas comprendre ce qui rend vraiment heureux les autres et nous-mêmes.

Rabbi
Ce mot veut dire « maître » en hébreu. C'était une façon respectueuse d'appeler un spécialiste de la religion.

Vie éternelle
C'est la vie avec Dieu qui commence dès maintenant et s'épanouit après la mort.

L'œuvre de Dieu
C'est le projet de Dieu sur nous, les hommes. Dieu veut notre bien. Il nous aide à travailler pour que notre monde ressemble à ce qu'il souhaite.

Pain de la vie
Ce pain de la vie, c'est Jésus. Il nous nourrit par sa parole et par son eucharistie. Il nous rend plus forts et plus solides dans notre foi. Il nous fait grandir vers Dieu.

Retourne page 15 pour poursuivre la messe.

11
août
2024

19e dimanche du temps ordinaire

Aujourd'hui, nous lisons la suite de l'évangile de Jean où Jésus parle de pain. Il dit même qu'il est un pain, un pain qui vient de Dieu !

Première lecture

Lecture du premier livre des Rois

1 R 19,4-8

Élie n'en peut plus. Il est complètement découragé. Une nourriture qui vient de Dieu le remet sur la route…

En ces jours-là, le prophète **Élie**, fuyant l'hostilité de la reine **Jézabel**, marcha toute une journée dans le désert. Il vint s'asseoir à l'ombre d'un buisson, et demanda la mort en disant : « Maintenant, Seigneur, c'en est trop ! Reprends ma vie : je ne vaux pas mieux que mes pères. » Puis il s'étendit sous le buisson, et s'endormit. Mais voici qu'un ange le toucha et lui dit : « Lève-toi, et mange ! » Il regarda, et il y avait près de sa tête une galette cuite sur des pierres brûlantes et une cruche d'eau. Il mangea, il but, et se rendormit. Une seconde fois, **l'ange du Seigneur** le toucha et lui dit : « Lève-toi, et mange, car il est long, le chemin qui te reste. » Élie se leva, mangea et but. Puis, fortifié par cette nourriture, il marcha quarante jours et quarante nuits jusqu'à l'**Horeb**, la montagne de Dieu.

Psaume

Ps 33

Goûtez et voyez comme est bon le Seigneur !

Je bénirai le Seigneur en tout temps,
sa louange sans cesse à mes lèvres.
Je me glorifierai dans le Seigneur :
que les pauvres m'entendent et soient en fête !

Magnifiez avec moi le Seigneur,
exaltons tous ensemble son nom.
Je cherche le Seigneur, il me répond :
de toutes mes frayeurs, il me délivre.

Qui regarde vers lui resplendira,
sans ombre ni trouble au visage.
Un pauvre crie ; le Seigneur entend :
il le sauve de toutes ses angoisses.

L'ange du Seigneur campe alentour
pour libérer ceux qui le craignent.
Goûtez et voyez : le Seigneur est bon !
Heureux qui trouve en lui son refuge !

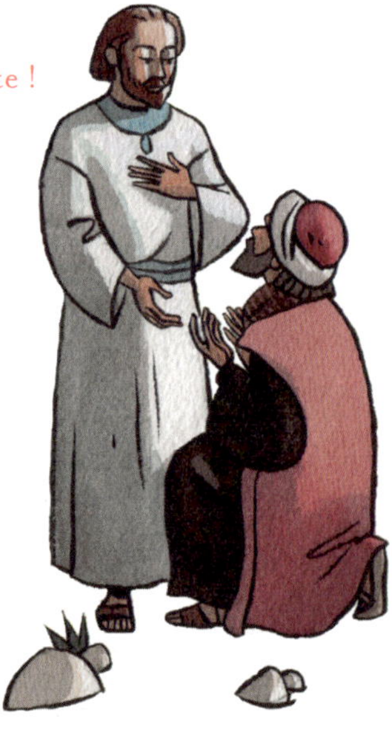

Deuxième lecture Lecture de la lettre de saint Paul apôtre aux Éphésiens

Ep 4,30–5,2

**Nous sommes les enfants de Dieu.
Et les enfants ressemblent souvent à leurs parents !
Nous ressemblons aussi à Dieu et nous pouvons aimer comme lui.**

Frères, n'**attristez** pas le Saint-Esprit de Dieu, qui vous a marqués de son sceau en vue du jour de votre délivrance. Amertume, irritation, colère, éclats de voix ou insultes, tout cela doit être éliminé de votre vie, ainsi que toute espèce de méchanceté. Soyez entre vous pleins de générosité et de tendresse. Pardonnez-vous les uns aux autres, comme Dieu vous a pardonné dans le Christ. Oui, cherchez à imiter Dieu, puisque vous êtes ses enfants bien-aimés. Vivez dans l'amour, comme le Christ nous a aimés et s'est livré lui-même pour nous, s'offrant en sacrifice à Dieu, comme un parfum d'agréable odeur.

Évangile Évangile de Jésus Christ selon saint Jean

Jn 6,41-51

**Jésus dit des paroles étranges. Ceux qui l'écoutent
ne comprennent rien ! Jésus leur explique qu'il vient de Dieu
pour donner la vie aux hommes.**

En ce temps-là, les **Juifs récriminaient** contre Jésus parce qu'il avait déclaré : « Moi, je suis le pain qui est descendu du **ciel**. » Ils disaient : « Celui-là n'est-il pas Jésus, fils de Joseph ? Nous connaissons bien son père et sa mère. Alors comment peut-il dire maintenant : "Je suis descendu du ciel" ? » Jésus reprit la parole : « Ne récriminez pas entre vous. Personne ne peut venir à moi, si le Père qui m'a envoyé ne l'attire, et moi, je le **ressusciterai** au dernier jour. Il est écrit dans les prophètes : Ils seront tous instruits par Dieu lui-même. Quiconque a entendu le Père et reçu son enseignement vient à moi. Certes, personne n'a jamais vu le Père, sinon celui qui vient de Dieu : celui-là seul a vu le Père. Amen, amen, je vous le dis : il a la vie éternelle, celui qui croit. Moi, je suis le pain de la vie. Au désert, vos pères ont mangé la **manne**, et ils sont morts ; mais le pain qui descend du ciel est tel que celui qui en mange ne mourra pas. Moi, je suis le pain vivant, qui est descendu du ciel : si quelqu'un mange de ce pain, il vivra éternellement. Le pain que je donnerai, c'est ma chair, donnée pour la vie du monde. »

Les mots de la Bible

Élie
Il a vécu dans le royaume d'Israël il y a deux mille neuf cents ans. Son nom signifie : « Le Seigneur est mon Dieu ». Ce prophète a lutté pour Dieu contre la reine Jézabel qui voulait imposer ses faux dieux au peuple d'Israël.

Jézabel
À l'époque d'Élie, Jézabel était la reine d'Israël. Elle était étrangère et adorait le dieu Baal. Elle détestait Élie parce qu'il prenait la défense de Dieu !

Ange du Seigneur
C'est une façon de parler de la présence mystérieuse de Dieu.

Horeb
Sur cette montagne, Dieu a donné sa loi à Moïse. On l'appelle aussi Sinaï. Là, Dieu a fait alliance avec le peuple d'Israël.

Attrister
Faire de la peine.

Juifs
Quand l'évangéliste Jean parle des Juifs, il désigne des chefs religieux ennemis de Jésus.

Récriminer
Protester, se plaindre.

Ciel
Le ciel est immense et sans limites. C'est quelque chose d'infini et de mystérieux comme Dieu ! Quand Jésus dit qu'il est le pain vivant descendu du ciel, il parle en images pour montrer qu'il vient de Dieu et qu'il rend vivant.

Ressusciter
S'ouvrir à une vie nouvelle et sans fin avec Dieu après la mort. Jésus Christ nous fait cette promesse, car Dieu l'a ressuscité. Jésus nous invite à le suivre pour que nous puissions, à notre tour, entrer dans cette vie nouvelle avec lui.

Manne
Dans le désert, les Hébreux ont trouvé une curieuse nourriture. Ils ont demandé en hébreu : « *Mann hou ?* », c'est-à-dire : « Qu'est-ce que c'est ? » C'est de là que vient le mot manne. Ils ont compris que cette nourriture venait de Dieu.

Retourne page 15 pour poursuivre la messe.

Jeudi
15 août
2024

Assomption de la Vierge Marie

C'est le grand jour de Marie ! Nous fêtons le moment où elle est entrée pour toujours dans la vie de Dieu. Nous espérons qu'à notre tour, nous serons après notre mort, avec Jésus Christ, pour toujours, auprès de Dieu.

Première lecture

Lecture de l'Apocalypse de saint Jean

Ap 11,19a ; 12,1-6a.10ab

L'Apocalypse est un livre de la Bible qui parle de manière imagée. Ici, il raconte une histoire qui fait penser à Marie.

Le sanctuaire de Dieu, qui est dans le ciel, s'ouvrit, et **l'arche de son Alliance** apparut dans le Sanctuaire. Un grand signe apparut dans le ciel : une Femme, ayant le soleil pour manteau, la lune sous les pieds, et sur la tête une couronne de douze étoiles. Elle est enceinte, elle crie, dans les douleurs et la torture d'un enfantement. Un autre signe apparut dans le ciel : un grand Dragon, rouge feu, avec sept têtes et dix cornes, et, sur chacune des sept têtes, un diadème. Sa queue, entraînant le tiers des étoiles du ciel, les précipita sur la terre. Le Dragon vint se poster devant la Femme qui allait enfanter, afin de dévorer l'enfant dès sa naissance. Or, elle mit au monde un fils, un enfant mâle, celui qui sera le berger de toutes les nations, les conduisant avec un sceptre de fer. L'enfant fut enlevé jusqu'auprès de Dieu et de son Trône, et la Femme s'enfuit au désert, où Dieu lui a préparé une place. Alors j'entendis dans le ciel une voix forte, qui proclamait : « Maintenant voici le salut, la puissance et le règne de notre Dieu, voici le pouvoir de son Christ ! »

Psaume

Ps 44

Debout, à la droite du Seigneur, se tient la reine, toute parée d'or.

Écoute, ma fille, regarde et tends l'oreille ;
oublie ton peuple et la maison de ton père :
le roi sera séduit par ta beauté.

Il est ton Seigneur : prosterne-toi devant lui.
Alors, les plus riches du peuple,
chargés de présents, quêteront ton sourire.

Fille de roi, elle est là, dans sa gloire,
vêtue d'étoffes d'or ;
on la conduit, toute parée, vers le roi.

Des jeunes filles, ses compagnes, lui font cortège ;
on les conduit parmi les chants de fête :
elles entrent au palais du roi.

Deuxième lecture

Lecture de la première lettre de saint Paul apôtre aux Corinthiens 1 Co 15, 20-27a

Jésus Christ est ressuscité et il a rejoint son Père. Paul nous dit que nous le rejoindrons après notre mort.

Frères, le Christ est ressuscité d'entre les morts, lui, premier ressuscité parmi ceux qui se sont endormis. Car, la mort étant venue par un homme, c'est par un homme aussi que vient la résurrection des morts. En effet, de même que tous les hommes meurent en Adam, de même c'est dans le Christ que tous recevront la vie, mais chacun à son rang : en premier, le Christ, et ensuite, lors du retour du Christ, ceux qui lui appartiennent. Alors, tout sera achevé, quand le Christ remettra le pouvoir royal à Dieu son Père, après avoir anéanti, parmi les êtres célestes, toute Principauté, toute Souveraineté et Puissance. Car c'est lui qui doit régner jusqu'au jour où Dieu aura mis sous ses pieds tous ses ennemis. Et le dernier ennemi qui sera anéanti, c'est la mort, car il a tout mis sous ses pieds.

Évangile

Évangile de Jésus Christ selon saint Luc Lc 1,39-56

L'ange de Dieu vient d'annoncer à Marie qu'elle va avoir un bébé. Il s'appellera Jésus. Marie a accepté cet enfant qui vient de Dieu. Sa joie éclate devant sa cousine Élisabeth.

En ces jours-là, **Marie** se mit en route et se rendit avec empressement vers la région montagneuse, dans une ville de Judée. Elle entra dans la maison de **Zacharie** et salua **Élisabeth**. Or, quand Élisabeth entendit la salutation de Marie, l'enfant tressaillit en elle. Alors, Élisabeth fut remplie d'Esprit Saint, et s'écria d'une voix forte : « Tu es bénie entre toutes les femmes, et le **fruit de tes entrailles** est béni. D'où m'est-il donné que la mère de mon Seigneur vienne jusqu'à moi ? Car, lorsque tes paroles de salutation sont parvenues à mes oreilles, l'enfant a tressailli d'allégresse en moi. Heureuse celle qui a cru à l'accomplissement des paroles qui lui furent dites de la part du Seigneur. » Marie dit alors : « Mon âme **exalte** le Seigneur, **exulte** mon esprit en Dieu, mon Sauveur ! Il s'est penché sur son humble servante ; désormais tous les âges me diront bienheureuse. Le Puissant fit pour moi des merveilles ; Saint est son nom ! Sa miséricorde s'étend d'âge en âge sur ceux qui le craignent. Déployant la force de son bras, il disperse les **superbes**. Il renverse les puissants de leurs trônes, il élève les humbles. Il comble de biens les affamés, renvoie les riches les mains vides. Il relève Israël son serviteur, il se souvient de son amour, de la promesse faite à nos pères, en faveur d'**Abraham** et sa descendance à jamais. » Marie resta avec Élisabeth environ trois mois, puis elle s'en retourna chez elle.

Les mots de la Bible

Arche d'alliance
Coffre sacré qui contenait deux tablettes de pierre sur lesquelles Moïse avait gravé la Loi de Dieu.

Marie
La Bible dit peu de chose sur Marie mais elle nous apprend l'essentiel. Marie a dit « oui » à Dieu, elle a accepté d'être la mère de Jésus. Grâce à elle, le Fils de Dieu est venu au milieu des hommes. Chez nous aussi, il vient. Si nous lui faisons de la place, il sera connu dans le monde entier. C'est à nous de dire oui, si nous le voulons, comme Marie l'a fait !

Zacharie, Élisabeth
Ils sont mari et femme. Ce sont les parents de Jean Baptiste. Élisabeth est la cousine de Marie. Zacharie est un prêtre du temple de Jérusalem.

Fruit de tes entrailles
C'est le bébé qui grandit et mûrit dans le ventre de sa mère.

Exalter
Admirer.

Exulter
Se réjouir beaucoup, déborder de joie.

Superbes
Orgueilleux.

Abraham
C'est l'ancêtre du peuple juif. Dieu lui a promis de très nombreux descendants.

Retourne page 15 pour poursuivre la messe.

18
août
2024

20e dimanche du temps ordinaire

Ce dimanche, nous continuons à lire le discours de Jésus sur le pain de vie. Jésus nous dit de nous nourrir de son corps et de boire son sang. C'est exactement ce que nous faisons à la messe.

Première lecture

Lecture du livre des Proverbes

Pr 9,1-6

**Ici, la sagesse c'est Dieu.
Elle nous invite à un festin bien plus extraordinaire que tout.**

La Sagesse a bâti sa maison, elle a taillé sept colonnes. Elle a tué ses bêtes, et préparé son vin, puis a dressé la table. Elle a envoyé ses servantes, elle appelle sur les hauteurs de la cité : « Vous, étourdis, passez par ici ! » À qui manque de bon sens, elle dit : « Venez, mangez de mon pain, buvez le vin que j'ai préparé. Quittez **l'étourderie** et vous vivrez, prenez le chemin de l'intelligence. »

Psaume

Ps 33

Goûtez et voyez comme est bon le Seigneur

Je bénirai le Seigneur en tout temps,
sa louange sans cesse à mes lèvres.
Je me glorifierai dans le Seigneur :
que les pauvres m'entendent et soient en fête !

Saints du Seigneur, adorez-le :
rien ne manque à ceux qui le craignent.
Des riches ont tout perdu, ils ont faim ;
qui cherche le Seigneur ne manquera d'aucun bien.

Venez, mes fils, écoutez-moi,
que je vous enseigne la crainte du Seigneur.
Qui donc aime la vie
et désire les jours où il verra le bonheur ?

Garde ta langue du mal
et tes lèvres des paroles perfides.
Évite le mal, fais ce qui est bien,
poursuis la paix, recherche-la.

Deuxième lecture — Lecture de la lettre de saint Paul aux Éphésiens

Ep 5,15-20

Pour Paul, la vraie sagesse est de laisser Dieu vivre en nous. Alors, notre vie sera remplie de joie.

Frères, prenez bien garde à votre conduite : ne vivez pas comme des fous, mais comme des sages. Tirez parti du temps présent, car nous traversons des jours mauvais. Ne soyez donc pas insensés, mais comprenez bien quelle est la volonté du Seigneur. Ne vous enivrez pas de vin, car il porte à **l'inconduite** ; soyez plutôt remplis de l'Esprit Saint. Dites entre vous des **psaumes**, des **hymnes** et des chants inspirés, chantez le Seigneur et célébrez-le de tout votre cœur. À tout moment et pour toutes choses, au nom de notre Seigneur Jésus Christ, rendez grâce à Dieu le Père.

Évangile — Évangile de Jésus Christ selon saint Jean

Jn 6,51-58

La chair et le sang de Jésus, c'est toute sa vie dont nous pouvons nous nourrir, ce sont ses paroles que nous pouvons boire !

En ce temps-là, Jésus disait à la foule : « Moi, je suis le pain vivant, qui est descendu du ciel : si quelqu'un mange de ce pain, il vivra éternellement. Le pain que je donnerai, c'est ma **chair**, donnée pour la vie du monde. » Les Juifs se querellaient entre eux : « Comment celui-là peut-il nous donner sa chair à manger ? » Jésus leur dit alors : « Amen, amen, je vous le dis : si vous ne mangez pas la chair du Fils de l'homme, et si vous ne buvez pas son sang, vous n'avez pas la vie en vous. Celui qui mange ma chair et boit mon sang a la vie éternelle ; et moi, je le ressusciterai au dernier jour. En effet, ma chair est la vraie nourriture, et mon sang est la vraie boisson. Celui qui mange ma chair et boit mon sang demeure en moi, et moi, je demeure en lui. De même que le Père, qui est vivant, m'a envoyé, et que moi je vis par le Père, de même celui qui me mange, lui aussi vivra par moi. Tel est le pain qui est descendu du ciel : il n'est pas comme celui que les pères ont mangé. Eux, ils sont morts ; celui qui mange ce pain vivra éternellement. »

Les mots de la Bible

Proverbes
Le livre des Proverbes contient souvent des phrases courtes, faciles à retenir, qui disent des vérités sur la vie ou qui donnent des conseils pleins de sagesse.

Étourderie
Manque d'attention.

Inconduite
Mal se conduire. Ici, c'est lorsque l'on cherche son propre plaisir de façon égoïste et exagérée.

Psaumes
Ce sont des prières chantées. Le Livre des psaumes, dans la Bible, comprend 150 prières. On pensait autrefois qu'il avait été écrit par le roi David. On sait aujourd'hui que ce n'est pas lui.

Hymnes
Chants qui célèbrent la grandeur de Dieu.

Chair
Ce n'est pas de la viande ! Quand Jésus parle de sa chair qu'il nous donne, il s'agit de toute sa personne, de toute sa vie.

Retourne page 15 pour poursuivre la messe.

25
août
2024

21e dimanche du temps ordinaire

**Voici la fin du discours de Jésus sur le pain de vie.
Beaucoup de gens ont refusé de le croire et l'ont quitté.
Mais ses douze apôtres lui ont fait confiance
et sont restés avec lui.
Nous aussi, sans forcément bien
comprendre, nous avons
confiance en sa Parole.**

Première lecture

Lecture du livre de Josué

Jos 24,1-2a.15-17.18b

Il y a environ trois mille deux cents ans, le peuple hébreu a fait un pacte avec Dieu : il a juré de lui rester fidèle.

En ces jours-là, **Josué** réunit toutes les **tribus d'Israël** à Sichem ; puis il appela les anciens d'Israël, avec les chefs, **les juges et les scribes** ; ils se présentèrent devant Dieu. Josué dit alors à tout le peuple : « S'il ne vous plaît pas de servir le Seigneur, choisissez aujourd'hui qui vous voulez servir : les dieux que vos pères servaient au-delà de l'**Euphrate**, ou les dieux des Amorites dont vous habitez le pays. Moi et les miens, nous voulons servir le Seigneur. » Le peuple répondit : « Plutôt mourir que d'abandonner le Seigneur pour servir d'autres dieux ! C'est le Seigneur notre Dieu qui nous a fait monter, nous et nos pères, du pays d'Égypte, cette maison d'esclavage ; c'est lui qui, sous nos yeux, a accompli tous ces signes et nous a protégés tout le long du chemin que nous avons parcouru, chez tous les peuples au milieu desquels nous sommes passés. Nous aussi, nous voulons servir le Seigneur, car c'est lui notre Dieu. »

Psaume

Ps 33

Goûtez et voyez comme est bon le Seigneur !

Je bénirai le Seigneur en tout temps,
sa louange sans cesse à mes lèvres.
Je me glorifierai dans le Seigneur :
que les pauvres m'entendent et soient en fête !

Le Seigneur regarde les justes,
il écoute, attentif à leurs cris.
Le Seigneur affronte les méchants
pour effacer de la terre leur mémoire.

Malheur sur malheur pour le juste,
mais le Seigneur chaque fois le délivre.
Il veille sur chacun de ses os :
pas un ne sera brisé.

Le mal tuera les méchants ;
ils seront châtiés d'avoir haï le juste.
Le Seigneur rachètera ses serviteurs :
pas de châtiment pour qui trouve en lui son refuge.

Deuxième lecture

Lecture de la lettre de saint Paul apôtre aux Éphésiens

Ep 5,21-32

Pour Paul, l'amour des gens qui se marient est très important : un mari doit aimer sa femme comme Jésus aime l'Église.

Frères, par respect pour le Christ, soyez soumis les uns aux autres ; les femmes, à leur mari, comme au Seigneur Jésus ; car, pour la femme, le mari est la tête, tout comme, pour l'Église, le Christ est la tête, lui qui est le Sauveur de son corps. Eh bien ! puisque l'Église se soumet au Christ, qu'il en soit toujours de même pour les femmes à l'égard de leur mari. Vous, les hommes, aimez votre femme à l'exemple du Christ : il a aimé l'Église, il s'est livré lui-même pour elle, afin de la rendre sainte en la purifiant par le bain de l'eau baptismale, accompagné d'une parole ; il voulait se la présenter à lui-même, cette Église, resplendissante, sans tache, ni ride, ni rien de tel ; il la voulait sainte et immaculée. C'est de la même façon que les maris doivent aimer leur femme : comme leur propre corps. Celui qui aime sa femme s'aime soi-même. Jamais personne n'a méprisé son propre corps : au contraire, on le nourrit, on en prend soin. C'est ce que fait le Christ pour l'Église, parce que nous sommes les membres de son corps. Comme dit l'Écriture : *À cause de cela, l'homme quittera son père et sa mère, il s'attachera à sa femme, et tous deux ne feront plus qu'un.* Ce mystère est grand : je le dis en référence au Christ et à l'Église.

Évangile

Évangile de Jésus Christ selon saint Jean

Jn 6,60-69

Croire en Jésus n'a jamais été une chose facile : dès le début, beaucoup l'ont lâché en cours de route, mais d'autres ont choisi de rester avec lui.

En ce temps-là, Jésus avait donné un enseignement dans la **synagogue** de Capharnaüm. Beaucoup de ses disciples, qui avaient entendu, déclarèrent : « Cette parole est rude ! Qui peut l'entendre ? » Jésus savait en lui-même que ses disciples récriminaient à son sujet. Il leur dit : « Cela vous scandalise ? Et quand vous verrez le Fils de l'homme monter là où il était auparavant !... C'est l'esprit qui fait vivre, la chair n'est capable de rien. Les paroles que je vous ai dites sont esprit et elles sont vie. Mais il y en a parmi vous qui ne croient pas. » Jésus savait en effet depuis le commencement quels étaient ceux qui ne croyaient pas, et qui était celui qui le livrerait. Il ajouta : « Voilà pourquoi je vous ai dit que personne ne peut venir à moi si cela ne lui est pas donné par le Père. » À partir de ce moment, beaucoup de ses disciples s'en retournèrent et cessèrent de l'accompagner. Alors Jésus dit aux **Douze** : « Voulez-vous partir, vous aussi ? » Simon-Pierre lui répondit : « Seigneur, à qui irions-nous ? Tu as les **paroles de la vie éternelle**. Quant à nous, nous croyons, et nous savons que tu es le **Saint de Dieu**. »

Les mots de la Bible

Josué
Il a été l'un des tout premiers chefs du peuple hébreu, juste après Moïse.

Tribus d'Israël
La Bible raconte qu'Israël, le peuple élu, était formé par douze tribus qui croyaient au même Dieu. Dans l'Évangile, les apôtres sont douze en référence aux douze tribus d'Israël.

Juges et scribes
Responsables du peuple hébreu.

Euphrate
C'est un grand fleuve qui se trouve à quelques centaines de kilomètres de la Palestine.

Synagogue
Lieu où les juifs se retrouvent pour prier Dieu et lire la Bible.

Douze
Ici, il s'agit des douze disciples les plus proches de Jésus, les apôtres.

Paroles de vie éternelle
Il s'agit des paroles que Dieu adresse aux hommes pour leur donner la vie. Dans les paroles de Jésus, Dieu lui-même se fait connaître.

Saint de Dieu
Celui qui appelle Jésus ainsi reconnaît qu'il est le Fils bien-aimé de Dieu.

Retourne page 15 pour poursuivre la messe.

1er septembre 2024

22e dimanche du temps ordinaire

Ces lectures le rappellent : ça ne sert à rien de venir à la messe si nous ne faisons pas attention aux autres pendant la semaine !

Première lecture

Lecture du livre du Deutéronome

Dt 4,1-2.6-8

Dieu donne ses commandements aux hommes parce qu'il est tout proche d'eux et qu'il veut leur bonheur.

M**oïse** disait au peuple : « Maintenant, **Israël**, écoute les **décrets** et les **ordonnances** que je vous enseigne pour que vous les mettiez en pratique. Ainsi vous vivrez, vous entrerez, pour en prendre possession, dans le pays que vous donne le Seigneur, le Dieu de vos pères. Vous n'ajouterez rien à ce que je vous ordonne, et vous n'y enlèverez rien, mais vous garderez les commandements du Seigneur votre Dieu tels que je vous les **prescris**. Vous les garderez, vous les mettrez en pratique ; ils seront votre sagesse et votre intelligence aux yeux de tous les peuples. Quand ceux-ci entendront parler de tous ces décrets, ils s'écrieront : "Il n'y a pas un peuple sage et intelligent comme cette grande **nation** !" Quelle est en effet la grande nation dont les dieux soient aussi proches que le Seigneur notre Dieu est proche de nous chaque fois que nous l'invoquons ? Et quelle est la grande nation dont les décrets et les ordonnances soient aussi justes que toute cette Loi que je vous donne aujourd'hui ? »

Psaume

Ps 14

Seigneur, qui séjournera sous ta tente ?

Celui qui se conduit parfaitement,
qui agit avec justice
et dit la vérité selon son cœur.
Il met un frein à sa langue.

Il ne fait pas de tort à son frère
et n'outrage pas son prochain.
À ses yeux, le réprouvé est méprisable
mais il honore les fidèles du Seigneur.

Il ne reprend pas sa parole.
Il prête son argent sans intérêt,
n'accepte rien qui nuise à l'innocent.
Qui fait ainsi demeure inébranlable.

Deuxième lecture

Lecture de la lettre de saint Jacques

Jc 1,17-18.21b-22.27

Saint Jacques le dit bien fort : nous ne pouvons pas aimer Dieu sans aider les plus pauvres autour de nous !

Mes frères bien-aimés, les présents les meilleurs, les dons parfaits, proviennent tous d'en haut, ils descendent d'auprès du Père des lumières, lui qui n'est pas, comme les astres, sujet au mouvement périodique ni aux éclipses. Il a voulu nous engendrer par sa parole de vérité, pour faire de nous comme les prémices de toutes ses créatures. Accueillez dans la douceur la Parole semée en vous ; c'est elle qui peut sauver vos âmes. Mettez la Parole en pratique, ne vous contentez pas de l'écouter : ce serait vous faire illusion. Devant Dieu notre Père, un comportement religieux pur et sans souillure, c'est de visiter les **orphelins** et les **veuves** dans leur détresse, et de se garder sans tache au milieu du monde.

Évangile

Évangile de Jésus Christ selon saint Marc

Mc 7,1-8.14-15.21-23

Jésus fait réfléchir ceux qui obéissent aveuglément à tous les commandements religieux : ce qui est grave, leur dit-il, ce n'est pas d'avoir les mains sales, mais d'avoir le cœur sale !

En ce temps-là, les **pharisiens** et quelques **scribes**, venus de Jérusalem, se réunissent auprès de Jésus, et voient quelques-uns de ses disciples prendre leur repas avec des mains impures, c'est-à-dire non lavées. Les pharisiens en effet, comme tous les Juifs, se lavent toujours soigneusement les mains avant de manger, par attachement à la **tradition** des anciens ; et au retour du marché, ils ne mangent pas avant de s'être aspergés d'eau, et ils sont attachés encore par tradition à beaucoup d'autres pratiques : lavage de coupes, de carafes et de plats. Alors les pharisiens et les scribes demandèrent à Jésus : « Pourquoi tes disciples ne suivent-ils pas la tradition des anciens ? Ils prennent leurs repas avec des mains impures. » Jésus leur répondit : « **Isaïe** a bien prophétisé à votre sujet, **hypocrites**, ainsi qu'il est écrit : *Ce peuple m'honore des lèvres, mais son cœur est loin de moi. C'est en vain qu'ils me rendent un culte ; les doctrines qu'ils enseignent ne sont que des* ***préceptes*** *humains.* Vous aussi, vous laissez de côté le commandement de Dieu, pour vous attacher à la tradition des hommes. »

Appelant de nouveau la foule, il lui disait : « Écoutez-moi tous, et comprenez bien. Rien de ce qui est extérieur à l'homme et qui entre en lui ne peut le rendre impur. Mais ce qui sort de l'homme, voilà ce qui rend l'homme impur. » Il disait encore à ses disciples, à l'écart de la foule : « C'est du dedans, du cœur de l'homme, que sortent les pensées perverses : inconduites, vols, meurtres, adultères, cupidités, méchancetés, fraude, débauche, envie, diffamation, orgueil et démesure. Tout ce mal vient du dedans, et rend l'homme impur. »

Les mots de la Bible

Moïse
C'est l'un des plus grands chefs des Hébreux. Dieu l'a choisi pour être le libérateur de son peuple. Il lui donna une loi qui permet aux hommes de vivre heureux, en accord avec Dieu.

Israël
Nom du peuple hébreu. On dit aussi les Israélites.

Décrets et ordonnances
Ensemble des lois que Moïse a reçues de Dieu.

Prescrire
Ordonner, recommander fortement.

Nation
Pays, peuple.

Orphelins, veuves
Autrefois, les veuves et les orphelins n'avaient souvent plus aucun moyen de vivre. C'étaient parmi les gens les plus pauvres.

Pharisiens et scribes
C'étaient des juifs qui faisaient très attention de respecter toutes les lois religieuses.

Tradition
Ensemble des pensées, des idées, des habitudes, des rites que les gens se transmettent de père en fils.

Isaïe
Prophète du VIIIe siècle av. J. C. inspiré par Dieu. Ses prophéties sont réunies dans un des livres de la Bible.

Hypocrite
Personne qui cache ce qu'elle pense vraiment en ayant une apparence trompeuse.

Précepte
Règle, leçon.

Retourne page 15 pour poursuivre la messe.

8 septembre 2024

23e dimanche du temps ordinaire

À quoi reconnaît-on que Dieu est là ?
Au fait que les sourds entendent, que les aveugles voient, que les assoiffés reçoivent à boire. Dieu fait jaillir la vie.
C'est Lui que nous célébrons aujourd'hui.

Première lecture

Lecture du livre d'Isaïe

Is 35,4-7a

**Les hommes de la Bible l'ont compris :
Dieu est un Dieu qui s'occupe des siens.
Celui qui croit en Lui n'a plus rien à craindre !**

Dites aux gens qui s'affolent : « Soyez forts, ne craignez pas. Voici votre Dieu : c'est la vengeance qui vient, la revanche de Dieu. Il vient lui-même et va vous sauver. » Alors se dessilleront les yeux des aveugles, et s'ouvriront les oreilles des sourds. Alors le boiteux bondira comme un cerf, et la bouche du muet criera de joie ; car l'eau jaillira dans le désert, des torrents dans le pays aride. La terre brûlante se changera en lac, la région de la soif, en eaux jaillissantes.

Psaume

Ps 145

**Je veux louer le Seigneur, tant que je vis.
ou : Alléluia !**

Le Seigneur garde à jamais sa fidélité,
il fait justice aux opprimés,
aux affamés, il donne le pain ;
le Seigneur délie les enchaînés.

Le Seigneur ouvre les yeux des aveugles,
le Seigneur redresse les accablés,
le Seigneur aime les justes,
le Seigneur protège l'étranger.

Il soutient la veuve et l'orphelin,
il égare les pas du méchant.
D'âge en âge, le Seigneur régnera :
ton Dieu, ô Sion, pour toujours !

Deuxième lecture — Lecture de la lettre de saint Jacques

Jc 2,1-5

Si nous croyons en Jésus Christ, nous ne pouvons plus juger les autres selon leur argent ou leur apparence.

Mes frères, dans votre foi en Jésus Christ, notre **Seigneur de gloire**, n'ayez aucune **partialité envers les personnes**. Imaginons que, dans votre assemblée, arrivent en même temps un homme au vêtement **rutilant**, portant une bague en or, et un pauvre au vêtement sale. Vous tournez vos regards vers celui qui porte le vêtement rutilant et vous lui dites : « Assieds-toi ici, en bonne place » ; et vous dites au pauvre : « Toi, reste là debout », ou bien : « Assieds-toi au bas de mon marchepied. » Cela, n'est-ce pas faire des différences entre vous, et juger selon de **faux critères** ? Écoutez donc, mes frères bien-aimés ! Dieu, lui, n'a-t-il pas choisi ceux qui sont pauvres aux yeux du monde pour en faire des riches dans la foi, et des héritiers du Royaume promis par lui à ceux qui l'auront aimé ?

Évangile — Évangile de Jésus Christ selon saint Marc

Mc 7,31-37

Les gens qui voient Jésus guérir des hommes commencent à comprendre qu'il a un lien étroit avec Dieu : Jésus a la même façon d'agir que Dieu.

En ce temps-là, Jésus quitta le territoire de **Tyr** ; passant par **Sidon**, il prit la direction de la mer de **Galilée** et alla en plein territoire de la **Décapole**. Des gens lui amènent un sourd qui avait aussi de la difficulté à parler, et supplient Jésus de poser la main sur lui. Jésus l'emmena à l'écart, loin de la foule, lui mit les doigts dans les oreilles, et, avec sa salive, lui toucha la langue. Puis, les yeux levés au ciel, il soupira et lui dit : « Effata ! », c'est-à-dire : « Ouvre-toi ! » Ses oreilles s'ouvrirent ; sa langue **se délia**, et il parlait correctement. Alors Jésus leur ordonna de n'en rien dire à personne ; mais plus il leur donnait cet ordre, plus ceux-ci le proclamaient. Extrêmement frappés, ils disaient : « Il a bien fait toutes choses : il fait entendre les sourds et parler les muets. »

Les mots de la Bible

Seigneur de Gloire
L'expression veut dire que Dieu est très important, c'est à lui qu'appartient la gloire et pourtant il ne nous écrase pas du haut de son importance.

Partialité envers les personnes
Ici, c'est préférer certaines personnes à d'autres sans raison valable.

Rutilant
Ce qui est rutilant brille d'un éclat très vif.

Faux critères
Pour saint Jacques, l'argent et les apparences sont de faux critères, car tous les hommes sont égaux aux yeux de Dieu. Une personne pauvre et mal habillée compte exactement autant qu'une personne riche et bien habillée.

Tyr, Sidon, Décapole
Territoires dont les habitants n'étaient pas juifs.

Galilée
C'était l'une des trois principales régions de la Palestine (regarde la carte page 309).

Se délier
Se dénouer : lorsqu'une personne muette se met à parler, on dit que sa langue se délie comme si elle était libérée d'un blocage.

Retourne page 15 pour poursuivre la messe.

15 septembre 2024

24e dimanche du temps ordinaire

C'est parfois difficile de suivre Jésus.
Cela nous fait peur, tous ces obstacles,
ces problèmes, ces difficultés…
Et si le voyage avec Dieu était aussi
surprenant, gai et palpitant ?

Première lecture — Lecture du livre d'Isaïe

Is 50,5-9a

Le Seigneur défend son serviteur lorsqu'il souffre.

Le Seigneur mon Dieu m'a ouvert l'oreille, et moi, je ne me suis pas révolté, je ne me suis pas dérobé. J'ai présenté mon dos à ceux qui me frappaient, et mes joues à ceux qui m'arrachaient la barbe. Je n'ai pas caché ma face devant les **outrages** et les crachats. Le Seigneur mon Dieu vient à mon secours ; c'est pourquoi je ne suis pas atteint par les outrages, c'est pourquoi j'ai rendu ma face dure comme pierre : je sais que je ne serai pas confondu. Il est proche, Celui qui me **justifie**. Quelqu'un veut-il plaider contre moi ? Comparaissons ensemble ! Quelqu'un veut-il m'attaquer en justice ? Qu'il s'avance vers moi ! Voilà le Seigneur mon Dieu, il prend ma défense ; qui donc me condamnera ?

Psaume

Ps 114

Je marcherai en présence du Seigneur sur la terre des vivants.
ou : Alléluia !

J'aime le Seigneur :
il entend le cri de ma prière ;
il incline vers moi son oreille :
toute ma vie, je l'invoquerai.

J'étais pris dans les filets de la mort,
retenu dans les liens de l'abîme,
j'éprouvais la tristesse et l'angoisse ;
j'ai invoqué le nom du Seigneur :
« Seigneur, je t'en prie, délivre-moi ! »

Le Seigneur est justice et pitié,
notre Dieu est tendresse.
Le Seigneur défend les petits :
j'étais faible, il m'a sauvé.

Il a sauvé mon âme de la mort,
gardé mes yeux des larmes et mes pieds du faux pas.
Je marcherai en présence du Seigneur
sur la terre des vivants.

Deuxième lecture

Lecture de la lettre de saint Jacques

Jc 2,14-18

Jacques rappelle dans sa lettre qu'il ne suffit pas de parler de l'Évangile. Il faut le vivre. Mettons-nous au service des autres.

Mes frères, si quelqu'un prétend avoir la foi, sans la mettre en œuvre, à quoi cela sert-il ? Sa foi peut-elle le sauver ? Supposons qu'un frère ou une sœur n'ait pas de quoi s'habiller, ni de quoi manger tous les jours ; si l'un de vous leur dit : « Allez en paix ! Mettez-vous au chaud, et mangez à votre faim ! » sans leur donner le nécessaire pour vivre, à quoi cela sert-il ? Ainsi donc, la foi, si elle n'est pas mise en œuvre, est bel et bien morte. En revanche, on va dire : « Toi, tu as la foi ; moi, j'ai les œuvres. Montre-moi donc ta foi sans les œuvres ; moi, c'est par mes œuvres que je te montrerai la foi. »

Évangile

Évangile de Jésus Christ selon saint Marc

Mc 8,27-35

Un jour, Jésus pose aux disciples une question difficile : « Qui suis-je pour vous ? ». Pierre a une réponse qui le mènera loin !

En ce temps-là, Jésus s'en alla, ainsi que ses disciples, vers les villages situés aux environs de Césarée-de-Philippe. Chemin faisant, il interrogeait ses disciples : « Au dire des gens, qui suis-je ? » Ils lui répondirent : « Jean le Baptiste ; pour d'autres, Élie ; pour d'autres, un des prophètes. » Et lui les interrogeait : « Et vous, que dites-vous ? Pour vous, qui suis-je ? » **Pierre**, prenant la parole, lui dit : « Tu es le **Christ**. » Alors, il leur défendit vivement de parler de lui à personne. Il commença à leur enseigner qu'il fallait que le **Fils de l'homme** souffre beaucoup, qu'il soit rejeté par les anciens, les grands prêtres et les scribes, qu'il soit tué, et que, trois jours après, il ressuscite. Jésus disait cette parole ouvertement. Pierre, le prenant à part, se mit à lui faire de vifs reproches. Mais Jésus se retourna et, voyant ses disciples, il interpella vivement Pierre : « Passe derrière moi, Satan ! Tes pensées ne sont pas celles de Dieu, mais celles des hommes. » Appelant la foule avec ses disciples, il leur dit : « Si quelqu'un veut marcher à ma suite, qu'il renonce à lui-même, qu'il **prenne sa croix** et qu'il me suive. Car celui qui veut sauver sa vie la perdra ; mais celui qui perdra sa vie à cause de moi et de l'Évangile la sauvera. »

Les mots de la Bible

Outrage
Offense, injure très grave.

Justifier
Rendre juste.

Pierre
Il n'est pas parfait. Il râle, il doute. Bref, il nous ressemble. Malgré cela, Jésus lui confie les chrétiens du monde. Pierre sera la première pierre de l'Église. Mais il faut plus d'une pierre pour construire une Église solide. Et si les autres pierres, c'était nous, avec tous les autres chrétiens qui ont vécu avant nous et qui vivront après nous ?

Christ
Dans la Bible, c'est le roi qui a reçu sur la tête l'huile parfumée pour être au service de Dieu. Les juifs attendaient un « Christ », un vrai roi envoyé par Dieu. Pour les chrétiens, Jésus est le Christ.

Fils de l'homme
Jésus utilise souvent cette expression mystérieuse pour parler de lui. Elle annonce la venue d'un homme choisi par Dieu pour faire naître un monde nouveau.

Prendre sa croix
Au temps de Jésus, les condamnés à mort étaient cloués sur une croix. Ils la portaient eux-mêmes jusqu'au lieu du supplice. Jésus l'a fait. Jésus demande à ses disciples de porter leur croix pour leur dire que ce n'est pas si facile de le suivre. Quelqu'un qui prend sa croix doit être prêt à avancer sur un chemin plein d'obstacles. Mais, au bout du chemin, la vie est là !

Retourne page 15 pour poursuivre la messe.

22 septembre 2024

25e dimanche du temps ordinaire

À la messe, nous nous donnons la paix du Christ. Les lectures d'aujourd'hui nous aident à comprendre quelle est cette paix du cœur.

Première lecture

Lecture du livre de la Sagesse

Sg 2,12.17-20

Quand nous essayons de vivre en enfants de Dieu, Dieu lui-même nous aide à résister face à ceux qui nous veulent du mal.

Ceux qui méditent le mal se disent en eux-mêmes : « Attirons le **juste** dans un piège, car il nous contrarie, il s'oppose à nos entreprises, il nous reproche de désobéir à la loi de Dieu, et nous accuse d'infidélités à notre éducation. Voyons si ses paroles sont vraies, regardons comment il en sortira. Si le juste est **fils de Dieu**, Dieu l'assistera, et l'arrachera aux mains de ses adversaires. Soumettons-le à des outrages et à des **tourments** ; nous saurons ce que vaut sa douceur, nous éprouverons sa patience. Condamnons-le à une mort **infâme**, puisque, dit-il, quelqu'un interviendra pour lui. »

Psaume

Ps 53

Le Seigneur est mon appui entre tous.

Par ton nom, Dieu, sauve-moi,
par ta puissance rends-moi justice ;
Dieu, entends ma prière,
écoute les paroles de ma bouche.

Des étrangers se sont levés contre moi,
des puissants cherchent ma perte :
ils n'ont pas souci de Dieu.

Mais voici que Dieu vient à mon aide,
le Seigneur est mon appui entre tous.
De grand cœur, je t'offrirai le sacrifice,
je rendrai grâce à ton nom, car il est bon !

Deuxième lecture — Lecture de la lettre de saint Jacques

Jc 3,16–4,3

Pour saint Jacques, seule la sagesse de Dieu peut amener le bonheur et la paix entre les hommes.

Bien-aimés, la jalousie et les rivalités mènent au désordre et à toutes sortes d'actions malfaisantes. Au contraire, la sagesse qui vient d'en haut est d'abord pure, puis pacifique, bienveillante, conciliante, pleine de miséricorde et féconde en bons fruits, sans **parti pris**, sans hypocrisie. C'est dans la paix qu'est semée la justice, qui donne son fruit aux artisans de la paix. D'où viennent les guerres, d'où viennent les conflits entre vous ? N'est-ce pas justement de tous ces désirs qui mènent leur combat en vous-mêmes ? Vous êtes pleins de **convoitises** et vous n'obtenez rien, alors vous tuez ; vous êtes jaloux et vous n'arrivez pas à vos fins, alors vous entrez en conflit et vous faites la guerre. Vous n'obtenez rien parce que vous ne demandez pas ; vous demandez, mais vous ne recevez rien ; en effet, vos demandes sont mauvaises, puisque c'est pour tout dépenser en plaisirs.

Évangile — Évangile de Jésus Christ selon saint Marc

Mc 9,30-37

Alors que Jésus annonce à ses disciples sa mort prochaine, ceux-ci discutent pour savoir lequel d'entre eux est le plus important ! Jésus leur ouvre les yeux sur ce qui est vraiment important…

En ce temps-là, Jésus traversait la Galilée avec ses disciples, et il ne voulait pas qu'on le sache, car il enseignait ses disciples en leur disant : « Le **Fils de l'homme** est livré aux mains des hommes ; ils le tueront et, trois jours après sa mort, il ressuscitera. » Mais les disciples ne comprenaient pas ces paroles et ils avaient peur de l'interroger. Ils arrivèrent à **Capharnaüm**, et, une fois à la maison, Jésus leur demanda : « De quoi discutiez-vous en chemin ? » Ils se taisaient, car, en chemin, ils avaient discuté entre eux pour savoir qui était le plus grand. S'étant assis, Jésus appela les **Douze** et leur dit : « Si quelqu'un veut être le premier, qu'il soit le dernier de tous et le serviteur de tous. » Prenant alors un enfant, il le plaça au milieu d'eux, l'embrassa, et leur dit : « Quiconque accueille en mon nom un enfant comme celui-ci, c'est moi qu'il accueille. Et celui qui m'accueille, ce n'est pas moi qu'il accueille, mais Celui qui m'a envoyé. »

Les mots de la Bible

Juste
Dans la Bible, un juste est une personne qui est fidèle à Dieu.

Fils de Dieu
Personne qui essaye de vivre dans l'amour de Dieu et des autres. Tous les hommes sont appelés à vivre en fils de Dieu, à la suite de Jésus, le Fils unique de Dieu.

Tourments
Peines, soucis, souffrances.

Infâme
Ce mot veut dire honteux, ignoble, indigne.

Parti pris
Une personne qui juge les autres sans chercher la vérité et la justice a un parti pris. On dit qu'elle est partiale.

Convoitise
Vouloir posséder ce que l'autre a.

Fils de l'homme
Jésus emploie plusieurs fois cette expression mystérieuse pour parler de lui. Elle annonce la venue d'un homme choisi par Dieu, qui fera naître un monde nouveau.

Capharnaüm
C'est un village de pêcheurs au bord du lac de Tibériade (regarde la carte page 310).

Douze
Il s'agit des douze apôtres que Jésus a choisis pour les envoyer en mission.

Retourne page 15 pour poursuivre la messe.

29 septembre 2024

26e dimanche du temps ordinaire

Personne n'est le propriétaire de Jésus Christ. Personne ne peut prétendre être le seul à parler et agir au nom de Dieu.

Première lecture

Lecture du livre des Nombres

Nb 11,25-29

Moïse n'essaie pas de garder pour lui tout seul l'autorité et l'Esprit que Dieu lui donne. Il reconnaît que Dieu peut les donner à d'autres.

En ces jours-là, le Seigneur descendit dans la **nuée** pour parler avec Moïse. Il prit une part de l'**esprit** qui reposait sur celui-ci, et le mit sur les 70 anciens. Dès que l'esprit reposa sur eux, ils se mirent à prophétiser, mais cela ne dura pas. Or, deux hommes étaient restés dans le camp ; l'un s'appelait Eldad, et l'autre Médad. L'esprit reposa sur eux ; eux aussi avaient été choisis, mais ils ne s'étaient pas rendus à la Tente, et c'est dans le camp qu'ils se mirent à prophétiser. Un jeune homme courut annoncer à Moïse : « Eldad et Médad **prophétisent** dans le camp ! » Josué, fils de Noun, auxiliaire de Moïse depuis sa jeunesse, prit la parole : « Moïse, mon maître, arrête-les ! » Mais Moïse lui dit : « Serais-tu jaloux pour moi ? Ah ! Si le Seigneur pouvait faire de tout son peuple un peuple de prophètes ! Si le Seigneur pouvait mettre son esprit sur eux ! »

Psaume

Ps 18

Les préceptes du Seigneur sont droits, ils réjouissent le cœur.

La loi du Seigneur est parfaite,
qui redonne vie ;
la charte du Seigneur est sûre,
qui rend sages les simples.

La crainte qu'il inspire est pure,
elle est là pour toujours ;
les décisions du Seigneur sont justes
et vraiment équitables.

Aussi ton serviteur en est illuminé ;
à les garder, il trouve son profit.
Qui peut discerner ses erreurs ?
Purifie-moi de celles qui m'échappent.

Préserve aussi ton serviteur de l'orgueil :
qu'il n'ait sur moi aucune emprise.
Alors je serai sans reproche,
pur d'un grand péché.

Deuxième lecture — Lecture de la lettre de saint Jacques

Jc 5,1-6

Ceux qui profitent des pauvres sont égoïstes et injustes. C'est insupportable pour Dieu !

Vous autres, maintenant, les riches ! Pleurez, lamentez-vous sur les malheurs qui vous attendent. Vos richesses sont pourries, vos vêtements sont mangés des mites, votre or et votre argent sont rouillés. Cette rouille sera un témoignage contre vous, elle dévorera votre chair comme un feu. Vous avez amassé des richesses, alors que nous sommes dans les derniers jours ! Le salaire dont vous avez frustré les ouvriers qui ont moissonné vos champs, le voici qui crie, et les **clameurs** des moissonneurs sont parvenues aux oreilles du Seigneur de l'univers. Vous avez mené sur terre une vie de luxe et de délices, et vous vous êtes rassasiés au jour du massacre. Vous avez condamné le juste et vous l'avez tué, sans qu'il vous oppose de résistance.

Évangile — Évangile de Jésus Christ selon saint Marc

Mc 9,38-43.45.47-48

Les disciples prétendent être les seuls à agir au nom de Jésus et à le représenter. Mais Jésus n'est pas de leur avis.

En ce temps-là, Jean, l'un des Douze, disait à Jésus : « Maître, nous avons vu quelqu'un expulser les **démons** en ton nom ; nous l'en avons empêché, car il n'est pas de ceux qui nous suivent. » Jésus répondit : « Ne l'en empêchez pas, car celui qui fait un miracle en mon nom ne peut pas, aussitôt après, mal parler de moi ; celui qui n'est pas contre nous est pour nous. Et celui qui vous donnera un verre d'eau au nom de votre appartenance au **Christ**, amen, je vous le dis, il ne restera pas sans récompense. Celui qui est un scandale, une occasion de chute, pour un seul de ces petits qui croient en moi, mieux vaudrait pour lui qu'on lui attache au cou une de ces meules que tournent les ânes, et qu'on le jette à la mer. Et si ta main est pour toi une occasion de chute, coupe-la. Mieux vaut pour toi entrer manchot dans la **vie éternelle** que de t'en aller dans la **géhenne** avec tes deux mains, là où le feu ne s'éteint pas. Si ton pied est pour toi une occasion de chute, coupe-le. Mieux vaut pour toi entrer estropié dans la vie éternelle que de t'en aller dans la géhenne avec tes deux pieds. Si ton œil est pour toi une occasion de chute, arrache-le. Mieux vaut pour toi entrer borgne dans le royaume de Dieu que de t'en aller dans la géhenne avec tes deux yeux, là où le ver ne meurt pas et où le feu ne s'éteint pas. »

Les mots de la Bible

Nuée
Une nuée est un nuage. Dans la Bible, c'est une image pour parler de la présence mystérieuse et invisible de Dieu.

Esprit
C'est la force que Dieu donne aux hommes pour qu'ils puissent parler en son nom. En donnant son Esprit, Dieu se fait tout proche, il réveille le désir d'être avec lui, il ouvre les yeux des hommes et les encourage.

Prophétiser
Ce n'est pas prédire l'avenir mais parler au nom de Dieu.

Clameurs
Réclamations.

Démons
Ce sont les forces du mal qui divisent et font du tort aux hommes. Autrefois, lorsqu'une personne avait une maladie mentale, on disait souvent qu'elle était possédée par un esprit mauvais.

Christ
Ce mot grec désignait le roi qui a reçu sur la tête l'huile parfumée pour être au service de Dieu. C'était l'envoyé de Dieu. Pour nous, c'est le Christ.

Vie éternelle
C'est la vie avec Dieu : c'est Lui qui nous la donne. Elle commence dès maintenant et elle s'épanouit avec la mort.

Géhenne
La Géhenne est une vallée proche de Jérusalem. Longtemps avant Jésus, des sacrifices humains y avaient eu lieu. Puis elle était devenue une décharge où l'on brûlait des ordures. Ici, c'est une image pour parler de l'enfer.

Retourne page 15 pour poursuivre la messe.

6 octobre 2024

27e dimanche du temps ordinaire

Dieu a créé l'homme et la femme pour qu'ils vivent ensemble,
qu'ils se donnent de l'amour
et qu'ils donnent de l'amour autour d'eux.
C'est ce que nous rappellent les lectures d'aujourd'hui.

Première lecture

Lecture du livre de la Genèse

Gn 2,18-24

Voici un récit du début de la Bible, écrit comme un conte. Dieu crée les humains égaux et différents. Alors il les crée homme et femme.

Le Seigneur Dieu dit : « Il n'est pas bon que l'homme soit seul. Je vais lui faire une aide qui lui correspondra. » Avec de la terre, le Seigneur Dieu modela toutes les bêtes des champs et tous les oiseaux du ciel, et il les amena vers l'homme pour voir quels noms il leur donnerait. C'étaient des êtres vivants, et l'homme donna un nom à chacun. L'homme donna donc leurs noms à tous les animaux, aux oiseaux du ciel et à toutes les bêtes des champs. Mais il ne trouva aucune aide qui lui corresponde. Alors le Seigneur Dieu fit tomber sur lui un sommeil mystérieux, et l'homme s'endormit. Le Seigneur Dieu prit une de ses côtes, puis il referma la chair à sa place. Avec la côte qu'il avait prise à l'homme, il façonna une femme et il l'amena vers l'homme. L'homme dit alors : « Cette fois-ci, voilà l'os de mes os et la chair de ma chair ! On l'appellera femme – Ish-sha –, elle qui fut tirée de l'homme – Ish. » À cause de cela, l'homme quittera son père et sa mère, il s'attachera à sa femme, et tous deux ne feront plus qu'un.

Psaume

Ps 127

Que le Seigneur nous bénisse tous les jours de notre vie !

Heureux qui craint le Seigneur
et marche selon ses voies !
Tu te nourriras du travail de tes mains :
Heureux es-tu ! À toi, le bonheur !

Ta femme sera dans ta maison
comme une vigne généreuse,
et tes fils, autour de la table,
comme des plants d'olivier.

Voilà comment sera béni l'homme qui craint le Seigneur.
De Sion, que le Seigneur te bénisse !
Tu verras le bonheur de Jérusalem tous les jours de ta vie,
et tu verras les fils de tes fils. Paix sur Israël.

Deuxième lecture — Lecture de la lettre aux Hébreux

He 2,9-11

Jésus ressuscité est notre frère : il nous entraîne à devenir avec lui des fils et des filles de Dieu pour toujours.

Frères, Jésus, qui a été abaissé un peu au-dessous des **anges**, nous le voyons couronné de **gloire** et d'honneur à cause de sa Passion et de sa mort. Si donc il a fait l'expérience de la mort, c'est, par grâce de Dieu, au profit de tous. Celui pour qui et par qui tout existe voulait conduire une multitude de fils jusqu'à la gloire ; c'est pourquoi il convenait qu'il mène à sa perfection, par des souffrances, celui qui est à l'origine de leur salut. Car celui qui **sanctifie** et ceux qui sont sanctifiés doivent tous avoir même origine ; pour cette raison, Jésus n'a pas honte de les appeler ses frères.

Évangile — Évangile de Jésus Christ selon saint Marc

Mc 10,2-16

Les pharisiens veulent piéger Jésus. Celui-ci rappelle que ce qui compte, c'est d'aimer comme Dieu nous aime. Car le royaume de Dieu appartient à ceux qui ont un cœur grand comme lui.

En ce temps-là, des **pharisiens** abordèrent Jésus et, pour le mettre à l'épreuve, ils lui demandaient : « Est-il permis à un mari de renvoyer sa femme ? » Jésus leur répondit : « Que vous a prescrit **Moïse** ? » Ils lui dirent : « Moïse a permis de renvoyer sa femme à condition d'établir un **acte de répudiation**. » Jésus répliqua : « C'est en raison de la dureté de vos cœurs qu'il a formulé pour vous cette règle. Mais, au commencement de la création, Dieu les fit homme et femme. À cause de cela, l'homme quittera son père et sa mère, il s'attachera à sa femme, et tous deux deviendront une seule chair. Ainsi, ils ne sont plus deux, mais une seule chair. Donc, ce que Dieu a uni, que l'homme ne le sépare pas ! » De retour à la maison, les disciples l'interrogeaient de nouveau sur cette question. Il leur déclara : « Celui qui renvoie sa femme et en épouse une autre devient **adultère** envers elle. Si une femme qui a renvoyé son mari en épouse un autre, elle devient adultère. » Des gens présentaient à Jésus des enfants pour qu'il pose la main sur eux ; mais les disciples les écartèrent vivement. Voyant cela, Jésus se fâcha et leur dit : « Laissez les enfants venir à moi, ne les empêchez pas, car le royaume de Dieu est à ceux qui leur ressemblent. Amen, je vous le dis : celui qui n'accueille pas le royaume de Dieu à la manière d'un enfant n'y entrera pas. » Il les embrassait et les bénissait en leur imposant les mains.

Les mots de la Bible

Anges
Messagers qui servent de lien entre Dieu et les hommes.

Gloire
Ce mot veut dire « ce qui a du poids ». Il dit l'importance, le rayonnement d'une personne.

Sanctifier
Rendre saint, permettre de se rapprocher de la perfection de Dieu.

Pharisiens
Juifs qui faisaient très attention de respecter toutes les lois religieuses.

Moïse
C'est l'un des grands chefs du peuple hébreu. Moïse a reçu la loi de Dieu qui permet aux hommes de vivre ensemble et d'être libres.

Acte de répudiation
Au temps de Jésus, celui qui voulait renvoyer sa femme devait lui donner un document écrit, un acte de répudiation. Alors, ils étaient séparés et la femme pouvait se remarier.

Adultère
Une personne qui trompe sa femme ou son mari commet un adultère.

Retourne page 15 pour poursuivre la messe.

13 octobre 2024

28e dimanche du temps ordinaire

Chaque fois que nous célébrons la messe, nous puisons dans un immense trésor. Cette richesse ne se compte pas en billets ni en kilos d'or. Elle est invisible, vivante et nous rend riches lorsque nous l'écoutons. C'est la Parole de Dieu.

Première lecture

Lecture du livre de la Sagesse

Sg 7,7-11

**Voici les paroles d'un roi d'Israël autrefois.
Pour lui, il y a un trésor plus important que tout au monde.
C'est la sagesse que Dieu donne.**

J'ai prié, et le discernement m'a été donné. J'ai supplié, et l'esprit de la **Sagesse** est venu en moi. Je l'ai préférée aux trônes et aux sceptres ; à côté d'elle, j'ai tenu pour rien la richesse ; je ne l'ai pas comparée à la pierre la plus précieuse ; tout l'or du monde auprès d'elle n'est qu'un peu de sable, et, en face d'elle, l'argent sera regardé comme de la boue. Plus que la santé et la beauté, je l'ai aimée ; je l'ai choisie de préférence à la lumière, parce que sa clarté ne s'éteint pas. Tous les biens me sont venus avec elle et, par ses mains, une richesse incalculable.

Psaume

Ps 89

Rassasie-nous de ton amour, Seigneur : nous serons dans la joie.

Apprends-nous la vraie mesure de nos jours :
que nos cœurs pénètrent la sagesse.
Reviens, Seigneur, pourquoi tarder ?
Ravise-toi par égard pour tes serviteurs.

Rassasie-nous de ton amour au matin,
que nous passions nos jours dans la joie et les chants.
Rends-nous en joies tes jours de châtiment
et les années où nous connaissions le malheur.

Fais connaître ton œuvre à tes serviteurs et ta splendeur à leurs fils.
Que vienne sur nous la douceur du Seigneur notre Dieu !
Consolide pour nous l'ouvrage de nos mains ;
oui, consolide l'ouvrage de nos mains.

Deuxième lecture — Lecture de la lettre aux Hébreux

He 4,12-13

La lettre aux Hébreux a été écrite pour des chrétiens qui ne faisaient plus très attention à la Parole de Dieu. Elle les secoue un peu !

Frères, elle est vivante, la Parole de Dieu, énergique et plus coupante qu'une épée à deux tranchants ; elle va jusqu'au point de partage de l'âme et de l'esprit, des jointures et des **moelles** ; elle juge des intentions et des pensées du cœur. Pas une créature n'échappe à ses yeux, tout est nu devant elle, soumis à son regard ; nous aurons à lui rendre des comptes.

Évangile — Évangile de Jésus Christ selon saint Marc

Mc 10,17-27

Lecture brève

Être riche, c'est formidable… mais saint Marc nous raconte comment la richesse peut devenir très encombrante !

En ce temps-là, Jésus se mettait en route quand un homme accourut et, tombant à ses genoux, lui demanda : « Bon Maître, que dois-je faire pour avoir la **vie éternelle** en **héritage** ? » Jésus lui dit : « Pourquoi dire que je suis bon ? Personne n'est bon, sinon Dieu seul. Tu connais les commandements : *Ne commets pas de meurtre, ne commets pas d'adultère, ne commets pas de vol, ne porte pas de* ***faux témoignage****, ne fais de tort à personne,* ***honore*** *ton père et ta mère.* » L'homme répondit : « Maître, tout cela, je l'ai observé depuis ma jeunesse. » Jésus posa son regard sur lui, et il l'aima. Il lui dit : « Une seule chose te manque : va, vends ce que tu as et donne-le aux pauvres ; alors tu auras un trésor au ciel. Puis viens, suis-moi. » Mais lui, à ces mots, devint sombre et s'en alla tout triste, car il avait de grands biens. Alors Jésus regarda autour de lui et dit à ses disciples : « Comme il sera difficile à ceux qui possèdent des richesses d'entrer dans le royaume de Dieu ! » Les disciples étaient stupéfaits de ces paroles. Jésus reprenant la parole leur dit : « Mes enfants, comme il est difficile d'entrer dans le **royaume de Dieu** ! Il est plus facile à un chameau de passer par le trou d'une aiguille qu'à un riche d'entrer dans le royaume de Dieu. » De plus en plus déconcertés, les disciples se demandaient entre eux : « Mais alors, qui peut être sauvé ? » Jésus les regarde et dit : « Pour les hommes, c'est impossible, mais pas pour Dieu ; car tout est possible à Dieu. »

Les mots de la Bible

Sagesse
Un homme sage est réfléchi, prudent, plein de bon sens. Dieu est le seul qui donne la vraie sagesse et qui apporte le bonheur. Pour les chrétiens, la sagesse, c'est Jésus.

Moelle
C'est la matière qui se trouve au centre de l'os. Pénétrer jusqu'à la moelle, c'est toucher quelqu'un au plus profond de lui.

Vie éternelle
C'est la vie avec Dieu. Elle commence dès maintenant. Dieu nous la donne pour toujours, même au-delà de la mort.

Héritage
Ce sont des biens que l'on reçoit d'un autre. Lorsqu'une personne meurt, elle laisse ce qu'elle possède à ses enfants. C'est leur héritage.

Faux témoignage
Porter un faux témoignage, c'est mentir sur quelque chose que l'on a vu ou entendu.

Honorer
Respecter.

Royaume de Dieu
Ce royaume dont Jésus parle tout le temps n'est pas un endroit mais une vie nouvelle qui vient. Il est là où des hommes cherchent Dieu. Il vient en nous lorsque nous faisons une place à Dieu dans notre vie. Pour cela, nous pouvons écouter et réécouter la Parole de Dieu en essayant de vivre comme Jésus. Alors, petit à petit, le royaume grandit sur la Terre.

Retourne page 15 pour poursuivre la messe.

20
octobre
2024

29e dimanche du temps ordinaire

**Même quand nous sommes des chefs
nous devons rester au service des autres.
Comme Jésus, qui a toujours
voulu rester un serviteur.
C'est ce que nous disent
les lectures aujourd'hui.**

Première lecture — Lecture du livre d'Isaïe

Is 53,10-11

Le livre d'Isaïe parlait d'un mystérieux serviteur de Dieu. Les chrétiens disent que Jésus a été ce serviteur fidèle.

Broyé par la souffrance, le Serviteur a plu au Seigneur. S'il remet sa vie en **sacrifice de réparation**, il verra une **descendance**, il prolongera ses jours : par lui, ce qui plaît au Seigneur réussira. Par suite de ses tourments, il verra la lumière, la connaissance le **comblera**. Le juste, mon serviteur, **justifiera** les multitudes, il se chargera de leurs fautes.

Psaume

Ps 32

Que ton amour, Seigneur, soit sur nous comme notre espoir est en toi !

Oui, elle est droite, la parole du Seigneur ;
il est fidèle en tout ce qu'il fait.
Il aime le bon droit et la justice ;
la terre est remplie de son amour.

Dieu veille sur ceux qui le craignent,
qui mettent leur espoir en son amour,
pour les délivrer de la mort,
les garder en vie aux jours de famine.

Nous attendons notre vie du Seigneur :
il est pour nous un appui, un bouclier.
Que ton amour, Seigneur, soit sur nous
comme notre espoir est en toi !

Deuxième lecture — Lecture de la lettre aux Hébreux

He 4,14-16

Cette lettre s'adressait à des juifs qui étaient devenus chrétiens. Elle leur dit que Jésus est le seul grand prêtre qui peut vraiment les guider vers Dieu.

Frères, en Jésus, le Fils de Dieu, nous avons le **grand prêtre** par excellence, celui qui a traversé les cieux ; tenons donc ferme l'affirmation de notre foi. En effet, nous n'avons pas un grand prêtre incapable de compatir à nos faiblesses, mais un grand prêtre éprouvé en toutes choses, à notre ressemblance, excepté le péché. Avançons-nous donc avec assurance vers le Trône de la grâce, pour **obtenir miséricorde** et recevoir, en temps voulu, la grâce de son secours.

Évangile — Évangile de Jésus Christ selon saint Marc

Mc 10,42-45

Lecture brève

Les apôtres Jacques et Jean croyaient que Jésus allait devenir un grand roi et ils rêvaient d'être puissants eux aussi. Mais Jésus leur rappelle sa vraie mission et celle des disciples.

En ce temps-là, Jésus disait à ses disciples : « Vous le savez : ceux que l'on regarde comme chefs des **nations** les commandent en maîtres ; les grands leur font sentir leur pouvoir. Parmi vous, il ne doit pas en être ainsi. Celui qui veut devenir grand parmi vous sera votre serviteur. Celui qui veut être parmi vous le premier sera l'esclave de tous : car le Fils de l'homme n'est pas venu pour être servi, mais pour servir, et donner sa vie en rançon pour la multitude. »

Les mots de la Bible

Sacrifice de réparation
Sacrifice que l'on offre à Dieu pour lui demander pardon pour une faute.

Descendance
La descendance de quelqu'un, ce sont ses enfants, ses petits-enfants, ses arrière-petits-enfants, etc.

Combler
Satisfaire.

Justifier
Rendre juste, mettre sur le chemin de Dieu.

Grand prêtre
Au temps de Jésus, il y avait des centaines de prêtres au temple de Jérusalem. Ils dirigeaient les cérémonies religieuses. Leur chef, le grand prêtre, était le seul à pénétrer une fois par an dans le Saint des saints : cette pièce du Temple, totalement vide, faisait penser à la présence mystérieuse de Dieu qui ne se voit pas, mais qui est au cœur du monde. Pour saint Paul, Jésus est devenu le seul vrai grand prêtre parce qu'il a montré par sa vie, sa mort et par sa résurrection que Dieu était au cœur de la vie des hommes.

Obtenir miséricorde
Recevoir le pardon de quelqu'un.

Nations
C'est ainsi que les juifs désignaient les peuples qui n'étaient pas de la même religion qu'eux.

Retourne page 15 pour poursuivre la messe.

27 octobre 2024

30e dimanche du temps ordinaire

Quand nous nous retrouvons à la messe, nous sommes un peuple éparpillé qui se rassemble. Quelqu'un nous relie au Père, quelqu'un nous éclaire et nous ouvre les yeux, c'est Jésus le Christ.

Première lecture — Lecture du livre de Jérémie

Jr 31,7-9

**Il y a deux mille cinq cents ans, Israël a été envahi.
Beaucoup d'habitants ont été emmenés de force dans un autre pays.
Le prophète Jérémie leur donne du courage.**

Ainsi parle le Seigneur : Poussez des cris de joie pour **Jacob**, acclamez la première des nations ! Faites résonner vos louanges et criez tous : « Seigneur, sauve ton peuple, le reste d'Israël ! » Voici que je les fais revenir du pays du nord, que je les rassemble des confins de la terre ; parmi eux, tous ensemble, l'aveugle et le boiteux, la femme enceinte et la jeune accouchée : c'est une grande assemblée qui revient. Ils avancent dans les pleurs et les supplications, je les mène, je les conduis vers les cours d'eau par un droit chemin où ils ne trébucheront pas. Car je suis un père pour Israël, **Éphraïm** est mon fils aîné.

Psaume

Ps 125

**Quelles merveilles le Seigneur fit pour nous :
nous étions en grande fête !**

Quand le Seigneur ramena les captifs à Sion,
nous étions comme en rêve !
Alors notre bouche était pleine de rires,
nous poussions des cris de joie.

Alors on disait parmi les nations :
« Quelles merveilles fait pour eux le Seigneur ! »
Quelles merveilles le Seigneur fit pour nous :
nous étions en grande fête !

Ramène, Seigneur, nos captifs,
comme les torrents au désert.
Qui sème dans les larmes
moissonne dans la joie.

Il s'en va, il s'en va en pleurant,
il jette la semence ;
il s'en vient, il s'en vient dans la joie,
il rapporte les gerbes.

Deuxième lecture — Lecture de la lettre aux Hébreux

He 5,1-6

Les premiers chrétiens étaient des juifs. Pour eux, Jésus Christ est le seul grand prêtre. Il fait le lien pour toujours entre Dieu et les hommes.

Tout grand prêtre est pris parmi les hommes ; il est établi pour intervenir en faveur des hommes dans leurs relations avec Dieu ; il doit offrir des dons et des sacrifices pour les péchés. Il est capable de compréhension envers ceux qui commettent des fautes par ignorance ou par égarement, car il est, lui aussi, rempli de faiblesse ; et, à cause de cette faiblesse, il doit offrir des sacrifices pour ses propres péchés comme pour ceux du peuple. On ne s'attribue pas cet honneur à soi-même, on est appelé par Dieu, comme **Aaron**. Il en est bien ainsi pour le **Christ** : il ne s'est pas donné à lui-même la gloire de devenir grand prêtre ; il l'a reçue de Dieu, qui lui a dit : *Tu es mon Fils, moi, aujourd'hui, je t'ai engendré*, car il lui dit aussi dans un autre psaume : *Tu es prêtre de **l'ordre de Melkisédek** pour l'éternité.*

Évangile — Évangile de Jésus Christ selon saint Marc

Mc 10,46b-52

La foi permet d'y voir clair. Dans ce récit, un homme reconnaît qui est vraiment Jésus. Pourtant, cet homme est aveugle. C'est sa foi qui lui a fait voir la vérité.

En ce temps-là, tandis que Jésus sortait de **Jéricho** avec ses disciples et une foule nombreuse, le fils de Timée, Bartimée, un aveugle qui mendiait, était assis au bord du chemin. Quand il entendit que c'était Jésus de Nazareth, il se mit à crier : « **Fils de David**, Jésus, prends pitié de moi ! » Beaucoup de gens le rabrouaient pour le faire taire, mais il criait de plus belle : « Fils de David, prends pitié de moi ! » Jésus s'arrête et dit : « Appelez-le. » On appelle donc l'aveugle, et on lui dit : « Confiance, lève-toi ; il t'appelle. » L'aveugle jeta son manteau, bondit et courut vers Jésus. Prenant la parole, Jésus lui dit : « Que veux-tu que je fasse pour toi ? » L'aveugle lui dit : « ***Rabbouni***, que je retrouve la vue ! » Et Jésus lui dit : « Va, ta foi t'a sauvé. » Aussitôt l'homme retrouva la vue, et il suivait Jésus sur le chemin.

Les mots de la Bible

Jacob
C'est un des ancêtres du peuple d'Israël. Ici, il représente le peuple d'Israël.

Éphraïm
C'était une des douze tribus d'Israël.

Aaron
Frère de Moïse. Il fut le premier grand prêtre du peuple d'Israël.

Christ
On dit aussi Messie : roi qui a reçu l'huile parfumée sur la tête pour être au service de Dieu, l'envoyé de Dieu. Nous donnons ce nom à Jésus.

Ordre de Melkisédek
Lorsque l'on devient prêtre, on reçoit le sacrement de l'Ordre. Le prêtre fait le lien entre Dieu et les hommes. Les prêtres juifs étaient tous de la tribu des descendants d'Aaron. Jésus n'était pas prêtre comme eux. Pourtant, les premiers chrétiens voyaient qu'il avait consacré toute sa vie à Dieu et qu'il s'était sacrifié pour les hommes. Ils ont dit : Jésus est notre prêtre à la manière de Melkisédek. Celui-ci fut un roi-prêtre mystérieux qui a vécu au temps d'Abraham. Il remerciait Dieu pour le pain partagé et pour la paix entre les ennemis.

Jéricho
Ville de la Palestine (regarde sur la carte, page 310).

Fils de David
David fut le roi le plus important de l'histoire d'Israël. Les juifs attendaient un envoyé de Dieu qui devait être de la famille de David.

Rabbouni
Cela veut dire « mon maître ».

Retourne page 15 pour poursuivre la messe.

Vendredi 1er novembre 2024

Tous les saints

Aujourd'hui, nous fêtons la foule immense des saints de tous les temps. Ils ont trouvé le chemin du bonheur en aimant Dieu de toutes leurs forces. Ils nous invitent à faire comme eux !

Première lecture Lecture de l'Apocalypse de saint Jean

Ap 7,2-4.9-14

Saint Jean raconte dans une vision ce qui se passera le jour où Dieu réunira tous les hommes autour de lui pour toujours.

Moi, Jean, j'ai vu un ange qui montait du côté où le soleil se lève, avec le **sceau** qui imprime la marque du Dieu vivant ; d'une voix forte, il cria aux quatre anges qui avaient reçu le pouvoir de faire du mal à la terre et à la mer : « Ne faites pas de mal à la terre, ni à la mer, ni aux arbres, avant que nous ayons marqué du sceau le front des serviteurs de notre Dieu. » Et j'entendis le nombre de ceux qui étaient marqués du sceau : ils étaient cent quarante-quatre mille, de toutes les **tribus** des fils **d'Israël**. Après cela, j'ai vu ; et voici une foule immense, que nul ne pouvait dénombrer, une foule de toutes nations, tribus, peuples et langues. Ils se tenaient debout devant le Trône et devant l'**Agneau**, vêtus de robes blanches, avec des palmes à la main. Et ils s'écriaient d'une voix forte : « Le salut appartient à notre Dieu qui siège sur le Trône et à l'Agneau ! » Tous les anges se tenaient debout autour du Trône, autour des Anciens et des quatre Vivants ; se jetant devant le Trône, face contre terre, ils se prosternèrent devant Dieu. Et ils disaient : « Amen ! Louange, gloire, sagesse et action de grâce, honneur, puissance et force à notre Dieu, pour les siècles des siècles ! Amen ! » L'un des Anciens prit alors la parole et me dit : « Ces gens vêtus de robes blanches, qui sont-ils, et d'où viennent-ils ? » Je lui répondis : « Mon seigneur, toi, tu le sais. » Il me dit : « Ceux-là viennent de la grande épreuve ; ils ont lavé leurs robes, ils les ont blanchies par le sang de l'Agneau. »

Psaume Ps 23

Voici le peuple de ceux qui cherchent ta face, Seigneur.

Au Seigneur, le monde et sa richesse,
la terre et tous ses habitants !
C'est lui qui l'a fondée sur les mers
et la garde inébranlable sur les flots.

Qui peut gravir la montagne du Seigneur
et se tenir dans le lieu saint ?
L'homme au cœur pur, aux mains innocentes,
qui ne livre pas son âme aux idoles.

Il obtient, du Seigneur, la bénédiction,
et de Dieu son Sauveur, la justice.
Voici le peuple de ceux qui le cherchent,
Voici Jacob qui recherche ta face !

Deuxième lecture Lecture de la première lettre de saint Jean

1 Jn 3,1-3

**Dieu a pour nous la tendresse d'un père.
Jésus nous l'a dit et nous l'a montré :
nous sommes tous des fils et des filles de Dieu.**

Bien-aimés, voyez quel grand amour nous a donné le Père pour que nous soyons appelés enfants de Dieu – et nous le sommes. Voici pourquoi le monde ne nous connaît pas : c'est qu'il n'a pas connu Dieu. Bien-aimés, dès maintenant, nous sommes enfants de Dieu, mais ce que nous serons n'a pas encore été manifesté. Nous le savons : quand cela sera manifesté, nous lui serons semblables car nous le verrons tel qu'il est. Et quiconque met en lui une telle espérance se rend pur comme lui-même est pur.

Évangile Évangile de Jésus Christ selon saint Matthieu

Mt 5,1-12a

Suivons le Christ et nous connaîtrons le bonheur d'être dès maintenant amis de Dieu.

En ce temps-là, voyant les foules, Jésus gravit la montagne. Il s'assit, et ses disciples s'approchèrent de lui. Alors, ouvrant la bouche, il les enseignait. Il disait : « **Heureux les pauvres de cœur**, car le royaume des Cieux est à eux. Heureux ceux qui pleurent, car ils seront consolés. Heureux les doux, car ils recevront la terre en héritage. Heureux ceux qui ont faim et soif de la justice, car ils seront rassasiés. Heureux les **miséricordieux**, car ils obtiendront miséricorde. Heureux les cœurs purs, car ils verront Dieu. Heureux les artisans de paix, car ils seront appelés fils de Dieu. Heureux ceux qui sont persécutés pour la justice, car le royaume des Cieux est à eux. Heureux êtes-vous si l'on vous insulte, si l'on vous persécute et si l'on dit faussement toute sorte de mal contre vous, à cause de moi. Réjouissez-vous, soyez dans l'**allégresse**, car votre récompense est grande dans les cieux ! »

Les mots de la Bible

Sceau
Morceau de cire gravé que l'on pose sur les documents importants pour les fermer. Ici, c'est la marque de Dieu.

Tribus d'Israël
La Bible dit que le peuple d'Israël était formé de douze tribus.

Agneau (de Dieu)
La Bible raconte que les juifs tuaient un agneau au matin de la Pâque pour remercie Dieu de les avoir sauvés. Jésus est appelé l'Agneau de Dieu parce qu'il a offert sa vie pour sauver les hommes.

Heureux
Nous voulons tous être heureux. Mais qu'est-ce qui nous rend heureux ? La réussite à l'école ? L'argent ? Le sport ? Jésus nous parle d'un bonheur plus grand. Chaque fois que nous aimons, chaque fois que nous sommes doux et que nous pardonnons, nous sommes amis de Dieu. C'est cela, le vrai bonheur !

Pauvres de cœur
Les pauvres de cœur, ce ne sont pas ceux qui n'ont pas de cœur ! Ce ne sont pas non plus ceux qui manquent d'argent. Ce sont tous ceux qui ne sont pas imbus d'eux-mêmes. Ils découvrent qu'ils ne peuvent pas compter sur leurs propres forces. Ils comprennent qu'ils ont besoin des autres. Ils sont prêts à accueillir Dieu qui vient.

Miséricordieux
Ce sont des personnes qui ont le cœur tendre ; elles aident ceux qui souffrent et pardonnent à ceux qui leur font du mal. Dieu est miséricordieux parce qu'il nous aime et nous pardonne sans se lasser.

Allégresse
Grande joie qui se remarque.

Retourne page 15 pour poursuivre la messe.

3 novembre 2024

31e dimanche du temps ordinaire

C'est parfois difficile de se motiver
pour rendre un service.
Mais Jésus nous invite à recevoir les demandes
avec un cœur disponible.
Car aimer Dieu,
c'est aussi aimer son prochain et le servir.

Première lecture

Lecture du livre du Deutéronome

Dt 6,2-6

Moïse invite son peuple à aimer Dieu de tout son cœur et de toute sa force.

Moïse disait au peuple : « Tu **craindras** le Seigneur ton Dieu. Tous les jours de ta vie, toi, ainsi que ton fils et le fils de ton fils, tu observeras tous ses décrets et ses **commandements**, que je te prescris aujourd'hui, et tu auras longue vie. Israël, tu écouteras, tu veilleras à mettre en pratique ce qui t'apportera bonheur et fécondité, dans un pays ruisselant de lait et de miel, comme te l'a dit le Seigneur, le Dieu de tes pères. Écoute, Israël : le Seigneur notre Dieu est l'Unique. Tu aimeras le Seigneur ton Dieu de tout ton cœur, de toute ton âme et de toute ta force. Ces paroles que je te donne aujourd'hui resteront dans ton cœur. »

Psaume

Ps 17

Je t'aime, Seigneur, ma force.

Je t'aime, Seigneur, ma force :
Seigneur, mon roc, ma forteresse,
Dieu mon libérateur, le rocher qui m'abrite,
mon bouclier, mon fort, mon arme de victoire !

Louange à Dieu !
Quand je fais appel au Seigneur,
je suis sauvé de tous mes ennemis.

Vive le Seigneur ! Béni soit mon Rocher !
Qu'il triomphe, le Dieu de ma victoire !
Il donne à son roi de grandes victoires,
il se montre fidèle à son Messie.

Deuxième lecture

Lecture de la lettre aux Hébreux

He 7,23-28

Jésus est le prêtre par excellence. Il intercède pour nous auprès de Dieu son père.

Frères, dans l'**ancienne Alliance**, un grand nombre de prêtres se sont succédé parce que la mort les empêchait de rester en fonction. Jésus, lui, parce qu'il demeure pour l'éternité, possède un **sacerdoce** qui ne passe pas. C'est pourquoi il est capable de sauver d'une manière définitive ceux qui par lui s'avancent vers Dieu, car il est toujours vivant pour intercéder en leur faveur. C'est bien le grand prêtre qu'il nous fallait : saint, innocent, **immaculé** ; séparé maintenant des pécheurs, il est désormais plus haut que les cieux. Il n'a pas besoin, comme les autres grands prêtres, d'offrir chaque jour des sacrifices, d'abord pour ses péchés personnels, puis pour ceux du peuple ; cela, il l'a fait une fois pour toutes en s'offrant lui-même. La loi de Moïse établit comme grands prêtres des hommes remplis de faiblesse ; mais la parole du serment divin, qui vient après la Loi, établit comme grand prêtre le Fils, conduit pour l'éternité à sa perfection.

Évangile

Évangile de Jésus Christ selon saint Marc

Mc 12,28b-34

Jésus dérange ses auditeurs parce qu'il parle de Dieu d'une manière nouvelle. Aimer Dieu et aimer les autres, c'est le plus important.

En ce temps-là, un scribe s'avança vers Jésus pour lui demander : « Quel est le premier de tous les commandements ? » Jésus lui fit cette réponse : « Voici le premier : Écoute, Israël : le Seigneur notre Dieu est l'unique Seigneur. Tu aimeras le Seigneur ton Dieu de tout ton cœur, de toute ton âme, de tout ton esprit et de toute ta force. Et voici le second : Tu aimeras ton prochain comme toi-même. Il n'y a pas de commandement plus grand que ceux-là. » Le scribe reprit : « Fort bien, Maître, tu as dit vrai : Dieu est l'Unique et il n'y en a pas d'autre que lui. L'aimer de tout son cœur, de toute son intelligence, de toute sa force, et aimer son prochain comme soi-même, vaut mieux que toute offrande d'**holocaustes** et de sacrifices. » Jésus, voyant qu'il avait fait une remarque **judicieuse**, lui dit : « Tu n'es pas loin du **royaume de Dieu**. » Et personne n'osait plus l'interroger.

Les mots de la Bible

Crainte (de Dieu)
Ce n'est pas de la peur. C'est le respect que l'on a pour Dieu.

Commandements
Paroles que Dieu donne pour vivre dans son amour et dans l'amour des autres.

Ancienne Alliance
L'Ancien Testament raconte que Dieu a proposé son amitié au peuple d'Israël, il a conclu une alliance avec lui. C'est l'ancienne Alliance. Car Dieu, par son fils Jésus, a fait une nouvelle alliance avec tous les hommes.

Sacerdoce
Ce mot vient d'un mot latin qui veut dire « prêtre ». Jésus est prêtre pour l'éternité. Il intercède pour nous auprès de Dieu. Son sacerdoce ne s'arrête pas.

Immaculé
Sans tache.

Holocauste
Sacrifice où l'on brûle un animal tout entier pour l'offrir à Dieu.

Judicieux
Qui a un bon jugement.

Royaume de Dieu
Le royaume de Dieu n'est pas un endroit mais désigne la vie avec Dieu.

Retourne page 15 pour poursuivre la messe.

10 novembre 2024

32e dimanche du temps ordinaire

Première lecture

Lecture du premier livre des Rois

1 R 17,10-16

Élie écoute les paroles de Dieu avec attention et elles se réalisent. Et ainsi la veuve de Sarepta ne manque de rien.

En ces jours-là, le prophète Élie partit pour Sarepta, et il parvint à l'entrée de la ville. Une veuve ramassait du bois ; il l'appela et lui dit : « Veux-tu me puiser, avec ta cruche, un peu d'eau pour que je boive ? » Elle alla en puiser. Il lui dit encore : « Apporte-moi aussi un morceau de pain. » Elle répondit : « Je le jure par la vie du Seigneur ton Dieu : je n'ai pas de pain. J'ai seulement, dans une **jarre**, une poignée de farine, et un peu d'huile dans un vase. Je ramasse deux morceaux de bois, je rentre préparer pour moi et pour mon fils ce qui nous reste. Nous le mangerons, et puis nous mourrons. » Élie lui dit alors : « N'aie pas peur, va, fais ce que tu as dit. Mais d'abord cuis-moi une petite galette et apporte-la-moi ; ensuite tu en feras pour toi et ton fils. Car ainsi parle le Seigneur, Dieu d'Israël : Jarre de farine point ne s'épuisera, vase d'huile point ne se videra, jusqu'au jour où le Seigneur donnera la pluie pour arroser la terre. » La femme alla faire ce qu'Élie lui avait demandé, et pendant longtemps, le prophète, elle-même et son fils eurent à manger. Et la jarre de farine ne s'épuisa pas, et le vase d'huile ne se vida pas, ainsi que le Seigneur l'avait annoncé par l'intermédiaire d'Élie.

Psaume

Ps 145

Chante, ô mon âme, la louange du Seigneur !

Le Seigneur garde à jamais sa fidélité,
il fait justice aux opprimés,
aux affamés, il donne le pain ;
le Seigneur délie les enchaînés.

Le Seigneur ouvre les yeux des aveugles,
le Seigneur redresse les accablés,
le Seigneur aime les justes,
le Seigneur protège l'étranger.

Il soutient la veuve et l'orphelin,
il égare les pas du méchant.
D'âge en âge, le Seigneur régnera :
ton Dieu, ô Sion, pour toujours !

Deuxième lecture

Lecture de la lettre aux Hébreux

He 9,24-28

**Jésus est mort une seule et unique fois.
Son sacrifice a suffi pour nous donner la vie éternelle.**

Le Christ n'est pas entré dans un **sanctuaire** fait de main d'homme, figure du sanctuaire véritable ; il est entré dans le ciel même, afin de se tenir maintenant pour nous devant la face de Dieu. Il n'a pas à s'offrir lui-même plusieurs fois, comme le grand prêtre qui, tous les ans, entrait dans le sanctuaire en offrant un sang qui n'était pas le sien ; car alors, le Christ aurait dû plusieurs fois souffrir la **Passion** depuis la fondation du monde. Mais en fait, c'est une fois pour toutes, à la fin des temps, qu'il s'est manifesté pour détruire le péché par son sacrifice. Et, comme le sort des hommes est de mourir une seule fois et puis d'être jugés, ainsi le Christ s'est-il offert une seule fois pour enlever les péchés de la **multitude** ; il apparaîtra une seconde fois, non plus à cause du péché, mais pour le **salut** de ceux qui l'attendent.

Évangile

Évangile de Jésus Christ selon saint Marc

Mc 12,41-44

Lecture brève

**L'important n'est pas de donner beaucoup
mais de donner avec son cœur, même le peu qu'on a.**

En ce temps-là, Jésus s'était assis dans le Temple en face de la salle du trésor, et regardait comment la foule y mettait de l'argent. Beaucoup de riches y mettaient de grosses sommes. Une pauvre **veuve** s'avança et mit deux petites pièces de monnaie. Jésus appela ses disciples et leur déclara : « Amen, je vous le dis : cette pauvre veuve a mis dans le Trésor plus que tous les autres. Car tous, ils ont pris sur leur **superflu**, mais elle, elle a pris sur son **indigence** : elle a mis tout ce qu'elle possédait, tout ce qu'elle avait pour vivre. »

Les mots de la Bible

Jarre
Grand vase de terre cuite.

Sanctuaire
Pour les juifs, le sanctuaire, c'est le Temple de Jérusalem. C'est la maison de Dieu, le signe que Dieu habite parmi son peuple. Pour Jésus, le vrai sanctuaire, c'est lui-même, car Dieu habite en lui.

Passion
La Passion de Jésus Christ, c'est le récit des souffrances que Jésus a subies jusqu'à sa mort.

Multitude
Un très grand nombre.

Salut
Action de sauver quelqu'un. Jésus est celui qui nous sauve du mal et de la mort. Au-delà de la mort, il nous donne une vie nouvelle.

Veuve
Femme dont le mari est mort.

Superflu
Qui n'est pas nécessaire pour vivre.

Indigence Pauvreté.

Retourne page 15 pour poursuivre la messe.

17
novembre
2024

33e dimanche du temps ordinaire

Jésus nous a promis qu'il reviendrait à la fin du monde.
Mais en même temps il est déjà là, au milieu de nous !
C'est ce grand mystère que nous célébrons
à la messe aujourd'hui.

Première lecture Lecture du livre de Daniel Dn 12,1-3

L'auteur du *Livre de Daniel* fut l'un des premiers rédacteurs de la Bible à croire à la résurrection des morts. Il l'affirme ici.

En ce temps-là se lèvera **Michel**, le chef des anges, celui qui se tient auprès des fils de ton peuple. Car ce sera un temps de détresse comme il n'y en a jamais eu depuis que les nations existent, jusqu'à ce temps-ci. Mais en ce temps-ci, ton peuple sera délivré, tous ceux qui se trouveront inscrits dans le Livre. Beaucoup de gens qui dormaient dans la poussière de la terre s'éveilleront, les uns pour la vie éternelle, les autres pour la honte et la **déchéance** éternelles. Ceux qui ont l'intelligence resplendiront comme la splendeur du firmament, et ceux qui sont des maîtres de justice pour la multitude brilleront comme les étoiles pour toujours et à jamais.

Psaume Ps 15

Garde-moi, mon Dieu : j'ai fait de toi mon refuge.

Seigneur, mon partage et ma coupe :
de toi dépend mon sort.
Je garde le Seigneur devant moi sans relâche ;
il est à ma droite : je suis inébranlable.

Mon cœur exulte, mon âme est en fête,
ma chair elle-même repose en confiance :
tu ne peux m'abandonner à la mort
ni laisser ton ami voir la corruption.

Tu m'apprends le chemin de la vie :
devant ta face, débordement de joie !
À ta droite, éternité de délices !

Deuxième lecture

Lecture de la lettre aux Hébreux

He 10,11-14.18

Cette lettre s'adressait à des juifs devenus chrétiens. Elle leur dit que Jésus a donné sa vie pour nous conduire vers Dieu.

Dans l'**ancienne Alliance**, tout prêtre, chaque jour, se tenait debout dans le Lieu saint pour le **service liturgique**, et il offrait à maintes reprises les mêmes sacrifices, qui ne peuvent jamais enlever les péchés. Jésus Christ, au contraire, après avoir offert pour les péchés un unique sacrifice, s'est assis pour toujours à la droite de Dieu. Il attend désormais que ses ennemis soient mis sous ses pieds. Par son unique offrande, il a mené pour toujours à leur perfection ceux qu'il **sanctifie**. Or, quand le pardon est accordé, on n'offre plus le sacrifice pour le péché.

Évangile

Évangile de Jésus Christ selon saint Marc

Mc 13,24-32

Jésus emploie ici des images spectaculaires pour annoncer son retour. Mais il dit aussi : ne perdez pas votre temps à savoir quand cela arrivera, préparez-vous !

En ce temps-là, Jésus parlait à ses disciples de sa venue : « En ces jours-là, après une grande détresse, le soleil s'obscurcira et la lune ne donnera plus sa clarté ; les étoiles tomberont du ciel, et les **puissances célestes** seront ébranlées. Alors on verra le **Fils de l'homme** venir dans les nuées avec grande puissance et avec gloire. Il enverra les anges pour rassembler les **élus** des quatre coins du monde, depuis l'extrémité de la terre jusqu'à l'extrémité du ciel. Laissez-vous instruire par la comparaison du figuier : dès que ses branches deviennent tendres et que sortent les feuilles, vous savez que l'été est proche. De même, vous aussi, lorsque vous verrez arriver cela, sachez que le Fils de l'homme est proche, à votre porte. Amen, je vous le dis : cette génération ne passera pas avant que tout cela n'arrive. Le ciel et la terre passeront, mes paroles ne passeront pas. Quant à ce jour et à cette heure-là, nul ne les connaît, pas même les anges dans le ciel, pas même le Fils, mais seulement le Père. »

Les mots de la Bible

Daniel
Héros du Livre de Daniel dans la Bible, écrit vers 160 av. J. C. Daniel était un jeune juif qui fut déporté à Babylone. Il fut jeté dans une fosse aux lions, mais il en ressortit vivant.

Michel
Ce prénom veut dire « celui qui est comme Dieu ». Dans la Bible, Michel est un chef des anges. Les anges sont des messagers.

Déchéance
Chute, déclin.

Ancienne Alliance
L'Ancien Testament raconte que Dieu a proposé son amitié au peuple d'Israël, il a conclu une alliance avec lui. C'est l'ancienne Alliance. Car Dieu, par son fils Jésus, a fait une nouvelle alliance avec tous les hommes.

Service liturgique
Cérémonie religieuse.

Sanctifier
Rendre parfait comme Dieu. Dieu seul est parfait. Lui seul rend saint. Mais Jésus Christ nous aide à être plus proches de Dieu.

Puissances célestes
Étoiles, planètes.

Fils de l'homme
Dans les évangiles, Jésus n'utilise jamais l'expression « Fils de Dieu » pour parler de lui-même. Il emploie très souvent (une centaine de fois) l'expression « Fils de l'homme ». C'est un personnage mystérieux, choisi par Dieu, qui viendra à la fin des temps. Il régnera sur la Terre et fera naître un monde nouveau. En se nommant ainsi, Jésus souligne qu'il est bien un homme parmi les hommes. Il fait aussi comprendre qu'il est l'envoyé de Dieu, le Messie.

Élus
Ceux que Dieu a choisis.

Retourne page 15 pour poursuivre la messe.

24
novembre
2024

Christ Roi de l'Univers, dernier dimanche ordinaire

C'est la fin de l'année ! Eh oui, nous sommes le dernier dimanche de l'année liturgique. Pour la terminer en beauté, nous fêtons Jésus Christ comme un roi !

Première lecture

Lecture du livre de Daniel

Dn 7,13-14

**Le livre de Daniel a été écrit vers 160 av. J. C.
Il parle d'un mystérieux Fils d'homme qui devient roi.**

Moi, Daniel, je regardais, au cours des **visions** de la nuit, et je voyais venir, avec les nuées du ciel, comme un Fils d'homme ; il parvint jusqu'au **Vieillard**, et on le fit avancer devant lui. Et il lui fut donné domination, gloire et royauté ; tous les peuples, toutes les nations et les gens de toutes langues le servirent. Sa domination est une domination éternelle, qui ne passera pas, et sa royauté, une royauté qui ne sera pas détruite.

Psaume

Ps 92

**Le Seigneur est roi ;
il s'est vêtu de magnificence.**

Le Seigneur est roi ;
il s'est vêtu de magnificence,
le Seigneur a revêtu sa force.

Et la terre tient bon, inébranlable ;
dès l'origine ton trône tient bon,
depuis toujours, tu es.

Tes volontés sont vraiment immuables :
la sainteté emplit ta maison,
Seigneur, pour la suite des temps.

Deuxième lecture

Lecture de l'Apocalypse de saint Jean

Ap 1,5-8

Voici une vraie profession de foi où Jésus est le roi des rois. C'est Dieu en personne, il était là au commencement et il sera là à la fin du monde.

À vous, la **grâce** et la paix de la part de Jésus Christ, le témoin fidèle, le premier-né des morts, le prince des rois de la terre. À lui qui nous aime, qui nous a délivrés de nos péchés par son sang, qui a fait de nous un royaume et des prêtres pour son Dieu et Père, à lui, la gloire et la souveraineté pour les **siècles des siècles. Amen.** Voici qu'il vient avec les nuées, tout œil le verra, ils le verront, ceux qui l'ont transpercé ; et sur lui se lamenteront toutes les tribus de la terre. Oui ! Amen ! Moi, je suis l'**Alpha** et l'**Oméga**, dit le Seigneur Dieu, Celui qui est, qui était et qui vient, le Souverain de l'univers.

Évangile — Évangile de Jésus Christ selon saint Jean

Jn 18,33b-37

Beaucoup de gens espéraient que Jésus chasserait les Romains de Judée et qu'il deviendrait roi. Mais Jésus dit que sa royauté n'a rien à voir avec tout cela !

En ce temps-là, **Pilate** appela Jésus et lui dit : « Es-tu le **roi** des Juifs ? » Jésus lui demanda : « Dis-tu cela de toi-même, ou bien d'autres te l'ont dit à mon sujet ? » Pilate répondit : « Est-ce que je suis juif, moi ? Ta nation et les grands prêtres t'ont livré à moi : qu'as-tu donc fait ? » Jésus déclara : « Ma royauté n'est pas de ce monde ; si ma royauté était de ce monde, j'aurais des gardes qui se seraient battus pour que je ne sois pas livré aux Juifs. En fait, ma royauté n'est pas d'ici. » Pilate lui dit : « Alors, tu es roi ? » Jésus répondit : « C'est toi-même qui dis que je suis roi. Moi, je suis né, je suis venu dans le monde pour ceci : rendre témoignage à la vérité. Quiconque appartient à la vérité écoute ma voix. »

Les mots de la Bible

Visions
Ce sont des rêves que l'on peut interpréter comme des messages que Dieu envoie.

Vieillard
Ici, c'est Dieu. Le livre de Daniel emploie cette image pour faire comprendre que Dieu est vivant depuis toujours, qu'il est éternel.

Grâce
Présence de Dieu qu'il offre aux hommes.

« Pour les siècles des siècles. Amen. »
Cela veut dire « Pour toujours ». On reprend plusieurs fois cette formule à la messe.

Alpha et oméga
C'est la première et la dernière lettre de l'alphabet grec. En français, ce serait a et z.

Pilate
C'est Ponce Pilate, le gouverneur romain qui dirigeait la Judée pendant l'occupation.

Roi
À l'époque de Jésus, beaucoup de juifs attendaient un envoyé de Dieu. Pour certains, ce serait un roi puissant qui chasserait les Romains du pays. Beaucoup de gens ont cru que Jésus était ce roi tant attendu. Car Jésus a souvent parlé du royaume de Dieu qui allait venir bientôt. Mais quand il répond à Pilate, il est très clair : il ne veut pas être le roi d'un pays. Son royaume est celui de la vérité qui mène à Dieu.

Retourne page 15 pour poursuivre la messe.

Le pays où Jésus a vécu

Joppé
Emmaüs
Jérusalem
Jéricho
Bétahnie
du Jourdain
Bétahnie
Béthléem
JUDÉE
Gaza
MER MORTE
DÉSERT
0 KM
20

Dimanches et fêtes

Décembre 2023 à novembre 2024

DÉCEMBRE

JANVIER

FÉVRIER

MARS

AVRIL

MAI

JUIN

JUILLET

AOÛT

SEPTEMBRE

OCTOBRE

NOVEMBRE